Gerechter Frieden

Reihe herausgegeben von
Ines-Jacqueline Werkner, Heidelberg, Deutschland
Sarah Jäger, Heidelberg, Deutschland

„Si vis pacem para pacem" (Wenn du den Frieden willst, bereite den Frieden vor.) – unter dieser Maxime steht das Leitbild des gerechten Friedens, das in Deutschland, aber auch in großen Teilen der ökumenischen Bewegung weltweit als friedensethischer Konsens gelten kann. Damit verbunden ist ein Perspektivenwechsel: Nicht mehr der Krieg, sondern der Frieden steht im Fokus des neuen Konzeptes. Dennoch bleibt die Frage nach der Anwendung von Waffengewalt auch für den gerechten Frieden virulent, gilt diese nach wie vor als Ultima Ratio. Das Paradigma des gerechten Friedens einschließlich der rechtserhaltenden Gewalt steht auch im Mittelpunkt der Friedensdenkschrift der Evangelischen Kirche in Deutschland (EKD) von 2007. Seitdem hat sich die politische Weltlage erheblich verändert; es stellen sich neue friedens- und sicherheitspolitische Anforderungen. Zudem fordern qualitativ neuartige Entwicklungen wie autonome Waffensysteme im Bereich der Rüstung oder auch der Cyberwar als eine neue Form der Kriegsführung die Friedensethik heraus. Damit ergibt sich die Notwendigkeit, Analysen fortzuführen, sie um neue Problemlagen zu erweitern sowie Konkretionen vorzunehmen. Im Rahmen eines dreijährigen Konsultationsprozesses, der vom Rat der EKD und der Evangelischen Friedensarbeit unterstützt und von der Evangelischen Seelsorge in der Bundeswehr gefördert wird, stellen sich vier interdisziplinär zusammengesetzte Arbeitsgruppen dieser Aufgabe. Die Reihe präsentiert die Ergebnisse dieses Prozesses. Sie behandelt Grundsatzfragen (I), Fragen zur Gewalt (II), Frieden und Recht (III) sowie politisch-ethische Herausforderungen (IV).

Weitere Bände in der Reihe http://www.springer.com/series/15668

Ines-Jacqueline Werkner ·
Marco Hofheinz
(Hrsg.)

Unbemannte Waffen und ihre ethische Legitimierung

Fragen zur Gewalt · Band 5

Hrsg.
Ines-Jacqueline Werkner
Forschungsstätte
der Evangelischen
Studiengemeinschaft e.V.
Heidelberg, Deutschland

Marco Hofheinz
Leibniz Universität Hannover
Hannover, Deutschland

ISSN 2662-2726 ISSN 2662-2734 (electronic)
Gerechter Frieden
ISBN 978-3-658-26946-3 ISBN 978-3-658-26947-0 (eBook)
https://doi.org/10.1007/978-3-658-26947-0

Die Deutsche Nationalbibliothek verzeichnet diese Publikation in der Deutschen Nationalbibliografie; detaillierte bibliografische Daten sind im Internet über http://dnb.d-nb.de abrufbar.

Springer VS
© Springer Fachmedien Wiesbaden GmbH, ein Teil von Springer Nature 2019
Das Werk einschließlich aller seiner Teile ist urheberrechtlich geschützt. Jede Verwertung, die nicht ausdrücklich vom Urheberrechtsgesetz zugelassen ist, bedarf der vorherigen Zustimmung des Verlags. Das gilt insbesondere für Vervielfältigungen, Bearbeitungen, Übersetzungen, Mikroverfilmungen und die Einspeicherung und Verarbeitung in elektronischen Systemen.
Die Wiedergabe von allgemein beschreibenden Bezeichnungen, Marken, Unternehmensnamen etc. in diesem Werk bedeutet nicht, dass diese frei durch jedermann benutzt werden dürfen. Die Berechtigung zur Benutzung unterliegt, auch ohne gesonderten Hinweis hierzu, den Regeln des Markenrechts. Die Rechte des jeweiligen Zeicheninhabers sind zu beachten.
Der Verlag, die Autoren und die Herausgeber gehen davon aus, dass die Angaben und Informationen in diesem Werk zum Zeitpunkt der Veröffentlichung vollständig und korrekt sind. Weder der Verlag, noch die Autoren oder die Herausgeber übernehmen, ausdrücklich oder implizit, Gewähr für den Inhalt des Werkes, etwaige Fehler oder Äußerungen. Der Verlag bleibt im Hinblick auf geografische Zuordnungen und Gebietsbezeichnungen in veröffentlichten Karten und Institutionsadressen neutral.

Springer VS ist ein Imprint der eingetragenen Gesellschaft Springer Fachmedien Wiesbaden GmbH und ist ein Teil von Springer Nature.
Die Anschrift der Gesellschaft ist: Abraham-Lincoln-Str. 46, 65189 Wiesbaden, Germany

Inhalt

Unbemannte Waffen – Humanisierung oder
Entmenschlichung der Kriegsführung?
Eine Einführung 1
Ines-Jacqueline Werkner

Die ethische Debatte um den Einsatz von ferngesteuerten
und autonomen Waffensystemen 13
Bernhard Koch

Autonome Waffensysteme – ethische und
völkerrechtliche Problemstellungen 41
Robin Geiß

Unbemannte Kampfsysteme in Händen nichtstaatlicher
Gewaltakteure – vom Albtraum zur baldigen Realität? ... 63
Niklas Schörnig

Unbemannte Systeme als Herausforderung
für die Rüstungs- und Exportkontrolle 85
Christian Alwardt

Autonome Waffensysteme – der nächste Schritt
im qualitativen Rüstungswettlauf? 111
Jürgen Altmann

Abusus non tollit usum? Ein kleines theologisch-ethisches
Argumentarium zum Gebrauch von Kampfdrohnen 137
Marco Hofheinz

Autorinnen und Autoren 171

Unbemannte Waffen – Humanisierung oder Entmenschlichung der Kriegsführung?[1]

Eine Einführung

Ines-Jacqueline Werkner

1 Einleitung

Unbemannte Waffensysteme – umgangssprachlich Drohnen – entfachen kontroverse Debatten: Während die einen vom „drohenden Ende der Menschlichkeit" (Human Rights Watch) sprechen, gelten sie für andere als „einen bedeutenden ethischen Fortschritt in der Geschichte der Kriegsführung" (Statman 2014, S. 46). Dass die Kriegsführung durch eine immer stärker werdende Technologisierung geprägt ist, stellt keine Ausnahme, sondern den Regelfall dar (vgl. Geiß 2015, S. 10). Dabei ist im Laufe der Geschichte die Distanz des Soldaten zum Gefechtsfeld immer größer geworden: vom unmittelbaren Kampf Mann gegen Mann auf dem Schlachtfeld über eine Kriegsführung mit Artillerie und gepanzerten Fahrzeugen bis hin zu Bombardements aus der Luft. Unbemannte Systeme gehen noch einen Schritt weiter: Sie ermöglichen einen „Luftkrieg per Joystick" (Gast 2010), bei dem die eigenen Soldatinnen und Soldaten außerhalb der Gefahrenzone bleiben.

Das Einsatzspektrum unbemannter Systeme ist mittlerweile vielfältig: zur Bekämpfung von Bodenzielen in Gebieten ohne hinrei-

---

1 Die Überschrift ist dem Titel von Frank Sauer (2014) entlehnt.

chende Luftabwehr, zur Unterstützung von Infanterie/Bodentruppen beispielsweise im Häuserkampf, zur Unterstützung der Marine im Kampf gegen Piraten oder bei humanitären Einsätzen (Seenotrettung, Flüchtlinge etc.), zum Aufspüren und zur Erstversorgung von Verwundeten, zur Aufklärung und Spionage, zum Entschärfen von Minen oder Sprengfallen sowie bei ABC-Einsätzen. Künftig sind auch Einsätze unbemannter Systeme für Luftkämpfe, Luftraumkontrollen und automatisierte beziehungsweise autonomisierte Abfangmissionen an Luftraumgrenzen oder im Weltraum beispielsweise zur Läsion feindlicher Satelliten denkbar (vgl. Funk 2017, S. 179 f.).[2] Letztlich sind „findigen Nutzern wohl im Guten wie im Schlechten kaum Grenzen gesetzt" (Funk 2017, S. 180).

In der Entwicklung unbemannter Systeme wird – und das macht sie für ethische Anfragen virulent – eine „nächste militärische Evolutionsstufe" (König 2017, S. 1) und einen „Paradigmenwechsel im Bereich der Militärtechnologie" (Geiß 2015, S. 3) gesehen. Aktuell lassen sich zwei zentrale Trends ausmachen: zum einen zu ihrer Bewaffnung, zum anderen zu einer immer größeren Autonomie (vgl. Schörnig 2012, S. 34 ff.).

Infolge des massiven Einsatzes bewaffneter Drohnen durch die USA gegen Al Quaida und die Taliban in Afghanistan sowie im Norden Pakistans[3] gelangten unbemannte Waffensysteme in den Fokus der Öffentlichkeit (vgl. Oeter 2014, S. 36). Nach dem Bericht des *Bureau of Investigative Journalism* sind seit 2015 allein in Afghanistan bei US-amerikanischen Einsätzen 2 472 bis 3 196 Menschen getötet (davon 142 bis 200 Zivilisten) und 363 bis 443 verletzt wor-

---

2 Aber auch im zivilen Bereich werden unbemannte Systeme vielfältig eingesetzt: bei Sicherheitsorganen wie der Polizei, dem Zoll oder dem Grenzschutz, im Katastrophenschutz und in der Unfallrettung, im Bereich der Infrastruktur beispielsweise zur Verkehrsüberwachung, in der Logistik bei der Paketzustellung oder im Lieferservice, in der Medizin unter anderem als Operationsdrohnen, in der Wissenschaft bei geologischen oder biologischen Beobachtungen, aber auch in den Medien oder im Sport (vgl. Funk 2017, S. 180).
3 US-amerikanische Einsätze bewaffneter Drohnen erfolgten aber auch in Somalia und in Jemen.

den.[4] Eng damit verbunden sind Diskussionen um das sogenannte *targeting killing*.

Neben der Bewaffnung unbemannter Systeme steht aber auch ihre zunehmende Autonomisierung zur Debatte, gehen mit dieser Entwicklung grundsätzliche ethische, politische und völkerrechtliche Infragestellungen einher. Dabei bewegt sich die Diskussion zwischen zwei Polen: zwischen Vertreterinnen und Vertretern, die von einer militärisch sinnvollen Autonomie ausgehen und darin neben der Effektivitätssteigerung auch eine Humanisierung der Kriegsführung sehen, und jenen, die mit dieser Entwicklung die Befürchtung verbinden, der Mensch könne aus der Entscheidungs- und Verantwortungskette entfernt werden (vgl. Bieri und Dickow 2014). Und auch wenn autonome Waffensysteme noch der Zukunft angehören, scheint diese Entwicklung unaufhaltbar zu sein. Das zeigt die Notwendigkeit an, sich bereits jetzt mit deren Implikationen zu beschäftigen.

2 Zur Kategorisierung automatisierter und autonomer Systeme

Bei unbemannten Waffensystemen ist neben ihrem Einsatz (unbewaffnete versus bewaffnete unbemannte Systeme) auch hinsichtlich des Grades ihrer Automatisierung zu differenzieren. Dabei ist der Übergang von automatisierten zu autonomen Systemen fließend. Nach dem Ansatz der Nichtregierungsorganisation *Human Rights Watch* (2012) bemisst er sich daran, wie hoch der Grad menschlicher Beteiligung am System ist. Dieser in der Forschungslandschaft weit verbreitete dreistufige Ansatz unterscheidet zwischen nicht-autonomen, semi-autonomen und autonomen Systemen (vgl. auch Dickow 2015; Geiß 2015; Franke 2016). Nicht-autonome Systeme erfordern – wenn auch in großer Distanz – über eine Fernsteuerung einen menschlichen Bediener *(human in the loop)*. Bei

---

4 Vgl. https://www.thebureauinvestigates.com/cate-gory/projects/drones/drones-graphs/. Zugegriffen: 27. März 2019.

semi-autonomen Systemen werden die Einsätze autonom ausgeführt, aber durch den Menschen überwacht; es erfolgt also eine autonome Steuerung unter menschlicher Steuerungskontrolle. Dabei kann der Mensch jederzeit in die Autonomie des Systems eingreifen und eine Verhaltensänderung bewirken *(human on the loop)*. Operationell autonome (noch nicht existierende) Systeme agieren ohne die Steuerung oder Kontrolle durch den Anwender. Hier kann der Mensch nur durch einen Veto-Befehl – der gegebenenfalls temporär aus technischen oder operativen Gründen nicht wahrgenommen werden kann – in die Funktionsweise eingreifen *(human out of the loop)*.[5]

Auch Michael Funks Kategorisierung (2017, S. 166 ff.) basiert auf diesem dreistufigen Ansatz, wobei er auch die historischen Entwicklungsstufen in den Blick nimmt und die unbemannten Systeme in diesem Kontext verortet (vgl. Tabelle 1).

Dabei nimmt er eine stufenweise aufsteigende Implementierung von Bereichen menschlicher Leiblichkeit in Werkzeuge vor. Werkzeuge der Kategorien 1 bis 3 gehören zu vormoderner und moderner Technik. Unbemannte Systeme stellen hypermoderne Techniken (im Sinne der Steigerung moderner Entwicklungen) dar und sind – je nach Autonomiegrad – in den Kategorien 4 bis 6 zu verorten. Gegenwärtige unbemannte Systeme beziehungsweise Drohnen gehören zu den Kategorien 4 (eingebettete technische Autonomie) und 5 (technische Semiautonomie). Autonome Waffen der Kategorie 6 existieren aktuell noch nicht; „doch mehr und mehr wird sich das Aufgabenfeld den wachsenden technologischen Fähigkeiten der Robotik anpassen" (Dickow 2015, S. 5), so dass in den kommenden Jahren mit einer schleichenden Autonomisierung zu rechnen sein dürfte.

---

5 Zu weiteren Definitionsansätzen vgl. Geiß (2015, S. 7 f.).

Tab. 1 Formen technischer Werkzeuge (Funk 2017, S. 168)

Formen technischer Werkzeuge (Kategorien 1–6)		Energie	Bewegung/Prozess		Intention/Rahmen	
			Routine	Problemlösung	Ziel/Zweck	Kontrolle/Eingriff
vormodern/modern	1 Handwerkzeug	Menschlicher Leib (Faustkeil etc.)				
	2 Maschine	Zeug	Menschlicher Leib			
	3 Automat		Zeug	Menschlicher Leib		
hyper-modern	4 eingebettete technische Autonomie			Zeug Drohne	Menschlicher Leib	
	5 technische Semi-autonomie				Zeug Drohne	Menschlicher Leib
Postulat	6 technische Autonomie					„Zeug" (?)

3 Zum Pro und Contra unbemannter Systeme

Unbemannte Waffensysteme als Ausdruck einer fortschreitenden Technisierung bringen eine Reihe von Vorteilen mit sich, bergen aber auch – je nach Automatisierungsgrad – beachtliche Risiken[6]: Zunächst einmal entlasten automatisierte Systeme – sowohl im militärischen als auch im zivilen Bereich – den Menschen von gefährlichen, eintönigen oder auch „schmutzigen" Aufgaben. Zunehmend übernehmen sie auch komplexe Datenauswertungen und bieten auf deren Grundlage entsprechende Handlungsoptionen an. Militärisch verbinden sich damit zwei zentrale Vorteile: Zum einen können unbemannte Systeme eingesetzt werden, ohne die eigenen Soldatinnen und Soldaten zu gefährden. Gerade in postheroischen Gesellschaften ist dieser Vorzug nicht zu unterschätzen und in der Politik ein Standardargument für deren Einsatz. Zum anderen können automatisierte Waffen, da sie im Vergleich zum Menschen weitaus mehr Informationen in kürzerer Zeit auswerten können, Reaktionszeiten und Abläufe deutlich beschleunigen. Damit steigert sich die Effektivität von Streitkräften und deren Kriegsführung.

Zudem gelten automatisierte Waffen als Präzisionswaffen. Der israelische Philosoph und Ethiker Daniel Statman (2014, S. 47) sieht darin eine auch im ethischen Sinne positive Entwicklung: „Je präziser eine Waffe ist, desto eher entspricht sie den Anforderungen in puncto Zielunterscheidung und Verhältnismäßigkeit", würde der Einsatz ungenauerer Waffen eher mehr als weniger zivile Opfer fordern. Ronald Arkin (2010) – ein Hauptvertreter des Ansatzes, mit Software basierten Parameteransätzen ethisch handelnde Roboter zu programmieren („künstliche Ethik der Roboter", Bustamante 2017, S. 148) – vertritt sogar die These, dass Roboter, da sie ohne Emotionen und niedere Beweggründe agierten, die ethisch besseren Entscheidungen träfen, also die Kriegsführung humaner würde (vgl. auch Franke 2016).

---

6 Vgl. hierzu u. a. Schörnig (2012, 2014), Petermann (2012), Koch (2014), Oeter (2014), Rudolf (2014), Statman (2014), Dickow (2015), Geiß (2015), Franke (2016) und Bustamante (2017).

Gleichwohl sind unbemannte Waffensysteme hoch umstritten: Die Vorzüge einer fortschreitenden Automatisierung implizieren zugleich Gefahren und ethische Infragestellungen. Wer kann beispielsweise etwas gegen den Schutz der eigenen Soldatinnen und Soldaten haben? Zum einen könne mit dieser Entwicklung ein Absinken der Hemmschwelle zum militärischen Einsatz einhergehen, seien Soldatinnen und Soldaten „mit den Konsequenzen der Gewalteinwirkung nicht mehr unmittelbar konfrontiert" (Oeter 2014, S. 39). Zum anderen verweist der Philosoph und Ethiker Bernhard Koch (2014, S. 24) auf den Umstand, dass es weniger um „Risiko-Minimierungs-Kriege" gehe, sondern eher um „Risiko-Transfer-Kriege". So berge eine Kriegsführung mit unbemannten Systemen die Gefahr einer Entgrenzung des Krieges.

Des Weiteren wird von Kritikern eine mangelnde Diskriminierung zwischen Kämpfern und Zivilisten angemahnt. So seien Kämpfer in asymmetrischen Konflikten „regelhaft Ansammlungen von feindlichen Kämpfern" und „üblicherweise nicht klar zu unterscheiden von der sonstigen Zivilbevölkerung" – ein Problem, das sich beim Einsatz von Distanzwaffen noch potenziere (Oeter 2014, S. 37; vgl. auch Schörnig 2012, 50 f.). Neben Aspekten der Kompatibilität unbemannter Waffen mit dem humanitären Völkerrecht (Unterscheidungsprinzip, Verhältnismäßigkeitsprinzip, Vorsorgeprinzip) sind insbesondere auch offene Fragen hinsichtlich der Kontrolle und Verantwortung der neuen Waffen zu klären (vgl. Geiß 2015; König 2017).

Mit steigendem Autonomisierungsgrad (bis hin zu autonomen Systemen) nimmt die Virulenz dieser Fragen zu: Wer kann beispielsweise zur Rechenschaft gezogen werden, wenn autonome Waffen das falsche Ziel angreifen oder gar Zivilisten töten? In diesem Kontext bedarf auch die neue Qualität des Gewalteinsatzes einer kritischen Reflexion: Dürfen Maschinen – so unter anderem Marcel Dickow (2015, S. 5) – über Leben und Tod von Menschen entscheiden?

Darüber hinaus sei beim Einsatz bewaffneter unbemannter Systeme (automatisiert wie autonom) ganz grundsätzlich das ethische Rechtfertigungsmuster des Tötens im Krieg infrage gestellt. Während der Soldat „in einer Art institutionalisierter Notwehr" den Gegner gezielt töten dürfe, da jener seine Gewalt sonst gegen ihn oder seine Kameraden, die er „solidarisch vor der Gewalt des Gegners zu schützen habe", richten wird, lasse sich diese Argumentation bei unbemannten, ferngesteuerten Systemen nicht mehr anwenden. Hier stehen die Soldatin und der Soldat außerhalb der Gefahrenzone und auch in keiner unmittelbaren Solidaritätsbeziehung zu gefährdeten Kameradinnen und Kameraden (Oeter 2014, S. 39).

Schließlich ergeben sich zahlreiche Herausforderungen in Rüstungsfragen: Mit den neuen Waffensystemen steige die Gefahr des Wettrüstens (vgl. Schörnig 2012; Geiß 2015); eine Vielzahl der bestehenden Rüstungskontrollverträge schließen unbemannte Systeme nicht mit ein; die Dual-Use-Komponenten sowie die schnelle Weitergabe technologischen Wissens erschweren die Rüstungsexportkontrolle; auch ergeben sich Risiken der Proliferation und Missbrauchspotenziale unter anderem durch substaatliche Akteure oder Terroristen (vgl. Petermann 2012, S. 80 ff.).

4 Zu diesem Band

Die obigen Ausführungen haben die Bandbreite und fließenden Übergänge des Untersuchungsgegenstandes – von unbewaffneten zu bewaffneten sowie von automatisierten zu autonomen unbemannten Systemen –, aber auch die Vielschichtigkeit der mit unbemannten Waffensystemen verbundenen Herausforderungen aufgezeigt. Vor diesem Hintergrund stehen im Band Fragen der Veränderung der Kriegsführung und ihrer Legitimität, völkerrechtliche Dimensionen, strategische und sicherheitspolitische Aspekte, Rüstungskontrollfragen sowie theologische Rekonstruktionen im Fokus der Betrachtung und Analyse.

Der Beitrag von *Bernhard Koch* gibt einen vertieften Einblick in die ethischen Debatten um den Einsatz von ferngesteuerten und autonomen Waffensystemen. Der erste Part widmet sich bewaffneten Drohnen. Ausgehend von ihrer unterschiedlichen Nutzung beleuchtet der Autor damit im Zusammenhang stehende ethische

Probleme: von gezielten Tötungen *(targeted killing)* und Signaturangriffen (Angriffe, bei denen auf die namentliche oder persönliche Identifizierung einer ins Visier genommenen Person verzichtet wird) über den proklamierten Selbstschutz von Soldatinnen und Soldaten bis hin zu Fragen der Risikoverteilung und Verhältnismäßigkeit in bewaffneten Konflikten. Der zweite Part des Beitrages wendet sich autonomen Waffensystemen zu. Nach einer Analyse der sich daraus ergebenen Mensch-Maschine-Beziehungen reflektiert der Autor autonome Systeme im Lichte deontologischer und konsequentialitischer Argumentationen.

Robin Geiß beleuchtet die Entwicklung unbemannter – automatisierter bis autonomisierter – Systeme aus völkerrechtlicher Perspektive. Autonome Waffensysteme, die gegenwärtig noch nicht existieren, sind geeignet, die Art und Weise der Kriegsführung zu revolutionieren. Diese Entwicklung fordert das humanitäre Völkerrecht heraus. Mit ihr verbinden sich veränderte Konstellationen beispielsweise im Hinblick auf das Unterscheidungsgebot zwischen Kombattanten und Nicht-Kombattanten oder auch bezüglich der geforderten Verhältnismäßigkeit. Vor diesem Hintergrund reflektiert der Beitrag, inwieweit die Regelungen des bestehenden Völkerrechts sich als hinreichend erweisen, den neuen Herausforderungen zu begegnen.

Niklas Schörnig nähert sich dem Thema unbemannter Waffensysteme aus strategischer und sicherheitspolitischer Perspektive. Im Fokus seiner Betrachtungen steht eine in diesem Zusammenhang bislang noch wenig beachtete Problematik: unbemannte Kampfsysteme in Händen nichtstaatlicher Gewaltakteure. Der Autor verhandelt mit dieser Entwicklung einhergehende Risiken – Drohnen als zukünftige Terrorwaffe, Drohnen als Trägersystem von Massenvernichtungswaffen oder gar Drohnen als autonome Terrorwaffen – und fragt nach Möglichkeiten und Chancen ihrer Einhegung.

Christian Alwardt fokussiert auf Fragen der Rüstungs- und Exportkontrolle. Zunächst beleuchtet der Beitrag die Dual-Use-Problematik, die Weiterverbreitungspfade sowie die Bedingungen und möglichen Folgen des Einsatzes unbemannter Waffensysteme. Vor diesem Hintergrund diskutiert der Autor, ob die heutigen Instrumente der Rüstungskontrolle ein probates Mittel zur Regulierung unbemannter Waffensysteme darstellen. Er verweist auf die Herausforderungen, die sich für die zukünftige Rüstungs- und Exportkontrolle abzeichnen, und zeigt mögliche Wege auf, diesen zu begegnen.

Gegenwärtige unbemannte, ferngesteuerte Waffen sind von der menschlichen Bedienung – wenn auch in großer Distanz – abhängig. Bei autonomen Waffen würde sich dies ändern. Hier droht der Mensch, aus der Entscheidungs- und Verantwortungskette entfernt zu werden. Angesichts aktueller Entwicklungstendenzen, die in diese Richtung weisen, nimmt *Jürgen Altmann* in seinem Beitrag Möglichkeiten eines vorzeitigen Verbots autonomer Waffen in den Blick. Der Autor diskutiert die Ausgestaltung und notwendigen Elemente eines Verbotsvertrages und zeigt damit sehr konkrete Schritte zur Umsetzung eines solches vorzeitigen Verbots auf.

Im abschließenden Beitrag nimmt *Maro Hofheinz* eine theologische Rekonstruktion vor. Er reflektiert die mit unbemannten Waffensystemen verbundenen Implikationen im Lichte des Konzepts des gerechten Friedens und entwickelt ein „theologisch-ethisches Argumentarium zum Gebrauch von Kampfdrohnen". Seine Pro- und Contra-Argumente führen ihn zu dem Schluss, „aufgrund des Problems eines Unterlaufens der Zuschreibung rechtlicher und moralischer Verantwortung sowie als Schritte auf dem Weg zu autonomen Waffensystemen" bereits auf bewaffnete Drohnen zu verzichten.

Literatur

Arkin, Ronald C. 2010. The Case for Ethical Autonomy in Unmanned Systems. *Journal of Military Ethics* (4): 332–341.

Bieri, Matthias und Marcel Dickow. 2014. Letale autonome Waffensysteme als Herausforderung. CSS Analysen zur Sicherheitspolitik. ETH Zürich. https://doi.org/10.3929/ethz-a-010273883. Zugegriffen: 17. Mai 2018.

Bustamante, Damián Suárez. 2017. Robotisierung der Kriegsführung und moralische Auswirkungen der tödlichen autonomen Roboter. In *Cyberwar @ Drohnenkrieg. Neue Kriegstechnologien philosophisch betrachtet,* hrsg. von Michael Funk, Silvio Leuteritz und Bernhard Irrgang, 133–161. Würzburg: Königshausen & Neumann.

Dickow, Marcel. 2015. *Robotik – ein Game-Changer für Militär und Sicherheitspolitik?* Berlin: SWP.

Franke, Ulrike Esther. 2016. Automatisierte und autonome Systeme in der Militär- und Waffentechnik. http://www.bpb.de/apuz/232968/automatisierte-und-autonome-systeme. Zugegriffen: 17. Mai 2018.

Funk, Michael. 2017. Drohnen und sogenannte „autonom-intelligente" Technik im Kriegseinsatz. Philosophische und ethische Fragestellungen. In *Cyberwar @ Drohnenkrieg. Neue Kriegstechnologien philosophisch betrachtet,* hrsg. von Michael Funk, Silvio Leuteritz und Bernhard Irrgang, 163–193. Würzburg: Königshausen & Neumann.

Gast, Wolfgang. 2010. Neue Militärtechnologie Drohnen. Luftkrieg per Joystick. taz vom 10. Oktober 2010. http://www.taz.de/Neue-Militaertechnologie-Drohnen/!5134254/. Zugegriffen: 17. Mai 2018.

Geiß, Robin. 2015. *Die völkerrechtliche Dimension autonomer Waffensysteme.* Berlin: Friedrich-Ebert-Stiftung.

Human Rights Watch. 2012. Losing Humanity: The Case against Killer Robots. http://www.hrw.org/reports/2012/11/19/losing-hunanity-0. Zugegriffen: 17. Mai 2018.

Koch, Bernhard. 2014. Von Menschen und Maschinen. Was bedeutet die Robotisierung des Militärs in ethischer Hinsicht. *Ethik und Militär. Kontroversen der Militärethik & Sicherheitskultur* (1): 23–26.

König, Lucie. 2017. *Autonome Waffensysteme und das Humanitäre Völkerrecht.* IFAR Fact Sheet. Hamburg: IFSH.

Oeter, Stefan. 2014. Rechtsfragen des Einsatzes bewaffneter Drohnen aus völkerrechtlicher Perspektive. *Ethik und Militär. Kontroversen der Militärethik & Sicherheitskultur* (1): 36–40.

Petermann, Thomas. 2012. Unbemannte Systeme als Herausforderung für Sicherheits- und Rüstungskontrollpolitik – Ergebnisse eines Projekts des Büros für Technikfolgen-Abschätzung beim Deutschen Bundestag. In *Automatisierung und Digitalisierung des Krieges. Drohnenkrieg und Cyberwar als Herausforderungen für Ethik, Völkerrecht und Sicherheitspolitik,* hrsg. von Roman Schmidt-Radefeldt und Christine Meissler, 72–86. Baden-Baden: Nomos.

Rudolf, Peter. 2014. Töten durch Drohnen. Zur problematischen Praxis des amerikanischen Drohnenkriegs. *Ethik und Militär. Kontroversen der Militärethik & Sicherheitskultur* (1): 41–45.

Sauer, Frank. 2014. Autonome Waffensysteme. Humanisierung oder Entmenschlichung des Krieges? *Global Governance Spotlight* Nr. 4. Bonn: Stiftung Entwicklung und Frieden.

Schörnig, Niklas. 2012. Die Automatisierung des Krieges: Eine kritische Bestandsaufnahme. In *Automatisierung und Digitalisierung des Krieges. Drohnenkrieg und Cyberwar als Herausforderungen für Ethik, Völkerrecht und Sicherheitspolitik*, hrsg. von Roman Schmidt-Radefeldt und Christine Meissler, 33–59. Baden-Baden: Nomos.

Schörnig, Niklas. 2014. Automatisierte Kriegsführung – Wie viel Entscheidungsraum bleibt dem Menschen? http://www.bpb.de/apuz/190115/automatisierte-kriegsfuehrung-wie-viel-entscheidungsraum-bleibt-dem-menschen. Zugegriffen am 17. Mai 2018.

Statman, Daniel. 2014. Drohnen, Roboter und die Moral des Krieges. *Ethik und Militär. Kontroversen der Militärethik & Sicherheitskultur* (1): 46–51.

Die ethische Debatte um den Einsatz von ferngesteuerten und autonomen Waffensystemen

Bernhard Koch

1 Einleitung

Als im Jahr 2012 der damalige Bundesminister der Verteidigung Thomas de Maizière ankündigte, den Kauf von bewaffneten Drohnen für die Bundeswehr zu prüfen, waren friedensbewegte Gruppierungen in den Kirchen und in der Gesellschaft mehr als bei anderen Rüstungsprojekten alarmiert. Der Einsatz bewaffneter Drohnen wurde zum einen mit der Praxis tatsächlich oder vermeintlich illegaler gezielter Tötungen von Terroristen im Afghanistan und Pakistan durch die Vereinigten Staaten von Amerika assoziiert, zum anderen gab es intuitive Abwehrreaktionen gegenüber einem Kampfinstrument, das sich im Luftraum anschleicht, Menschen ausspäht und sie mit tödlicher Gewalt überfällt. Solche Gefühle bringen häufig einen moralisch heiklen Kern zum Ausdruck. Moral kann aber auch problematisch sein, wenn sie nicht ihrerseits in der Ethik reflektiert wird.

Ethik muss zuerst bei den Begriffen und ihrem Gegenstand ansetzen. Da wir moralische Urteile über Handlungen fällen, müssen wir uns verdeutlichen, um welche Handlungen es geht, wenn wir moralisch sprechen und ethisch darauf reflektieren. Da wir aber in der Ethik eher den allgemeinen Fall prüfen, beziehen wir uns auch stärker auf den „Handlungstyp" (zum Beispiel auf eine Verteidigungshandlung, eine Rettungshandlung oder auf das Töten im Allgemeinen) als auf die konkrete Einzelhandlung.

Wegen der fortgeschrittenen technologischen Entwicklung sind die bewaffneten Drohnen besonders augenfällig. Sie stellen aber nur einen Fall von ferngesteuerter Waffentechnologie oder Waffenträgertechnologie dar. Daher hat die Fachdiskussion hier auch allgemeinere Terminologien entwickelt, auf die im Folgenden Bezug genommen wird.

2 Bewaffnete Drohnen

2.1 Technische Instrumente lassen unterschiedliche Nutzung zu

Unmanned Combat Aerial Vehicles (UCAV) werfen zweifellos eine Fülle von ethischen Fragen auf, aber es kann auch nicht bezweifelt werden, dass in den vergangenen Jahren eine Unmenge von Literatur erschienen ist, die sich diesen ethischen Fragen widmet. Trotz der vielen intuitiven Vorbehalte gegen diese militärischen Instrumente hat sich offenkundig in der öffentlichen Debatte kein kritisches Argument derart durchsetzen können, dass es die Weiterentwicklung, den Erwerb und auch die Nutzung von bewaffneten Drohnen – wie sie landläufig bezeichnet werden – gehemmt oder gar gestoppt hätte.

Dies ist einerseits verständlich, denn auch in einer technikethischen Betrachtung muss sich die ethische Kritik vorrangig auf die Handlungstypen richten, in denen das Instrument eine Rolle spielt. Einige wurden gerade genannt: Entwicklung, Beschaffung, Einsatz, aber auch Drohung oder Abschreckung kommen infrage. Für die ethische Beurteilung macht es einen großen Unterschied, ob man eine bewaffnete Drohne für die Luftaufklärung oder zum gezielten Töten von mutmaßlichen Terroristen nutzt. Andererseits sind sämtliche Handlungstypen zu problematisieren. Diejenigen, die den Erwerb von bewaffneten Drohnen für die eigenen Streitkräfte befürworten, neigen dazu zu versichern, dass die problematischsten Handlungen, die durch Drohnen ermöglicht werden, mit diesen gar nicht ausgeführt werden sollen. So begrüßenswert solche Versicherungen auch sind, sie besagen nichts über die ethische Zulässigkeit anderer Verwendungsformen. Selbst Luftaufklärung kann ethisch problematisch sein, wenn sie beispielsweise in die Privatsphäre von Menschen eindringt. Vor allem wäre es aber unverständlich, weshalb man sich für bewaffnungsfähige Drohnen entschließen wollte, wenn man die Nutzung der Fähigkeiten, die sich aus der Bewaffnung ergeben, ausschließt. Es ist also durchaus folgerichtig, wenn die öffentliche Debatte die Beurteilung bewaffneter Drohnen von den Einsatzweisen her vornimmt, die die größten ethischen Schwierigkeiten aufweisen: gezielte Tötungen und Signaturangriffe.

2.2 Gezielte Tötungen

Der Krieg sei ein Chamäleon, schrieb Carl von Clausewitz (2003 [1832], S. 46), und dieses vielverwendete Bonmot drückt in der Tat schön aus, dass wir kriegerische Gewalt, insbesondere in der diachronen Betrachtung, kaum auf *einen* Begriff bringen können. Allerdings gibt es ein Vorstellungsbild, das unsere normative Betrachtung des Krieges am nachhaltigsten geprägt hat: die zwischenstaatliche militärische Auseinandersetzung. In diesem Muster gibt es zwei sich gegenüberstehende staatliche Konfliktparteien, beide mit uniformierten Soldaten, die gegeneinander kämpfen und sich wechselseitig töten, dabei aber die Zivilisten, soweit es möglich ist, schonen sollen. Dieses Kriegsbild lag dem humanitären Völkerrecht zugrunde, das sicherlich einiges zur Einhegung der Gewalt in bewaffneten Konflikten und zur Verminderung des Leids beigetragen hat. Vorausgesetzt werden musste dafür natürlich eine wechselseitige Bereitschaft zur Erfüllung der humanitär-völkerrechtlichen Normen, aber da sie doch in der Summe zum beiderseitigen Vorteil waren, konnte man eine solche Bereitschaft im Großen und Ganzen erwarten. Allerdings wäre auch ein zu idealisiertes Bild der Rechtswirklichkeit nicht angemessen; schließlich handelt es sich um Krieg und nicht nur um Sport, und selbst dort versuchen die Kontrahenten häufig, die Regeln zu unterlaufen oder zu umgehen.

Die Kriege unserer Zeit sind in den seltensten Fällen solche symmetrischen Staatenkriege. Wesentlich häufiger kommt es zu asymmetrischen Konfrontationen zwischen staatlichen und nichtstaatlichen Konfliktparteien. In diesen Auseinandersetzungen ist die Gewaltintensität synchron betrachtet häufig geringer, weil beispielsweise nur hier und da ein Anschlag von Mitgliedern einer nichtstaatlichen Gruppe erfolgt, worauf ebenfalls nur bei Gelegenheit die staatliche Seite einen Gegenschlag unternimmt. So bleibt sogar unsicher, ob der Ausdruck „Krieg" für diese Vorgänge überhaupt einen passenden Gattungsbegriff abgibt.

Da die nichtstaatlichen Kämpfer keine mit Uniform in eine hierarchisch strukturierte Armee eingegliederten Soldaten sind, sondern häufig eher in netzwerkartigen Verbünden als individuelle Streiter fungieren, die sich allenfalls zu kleinen Gruppen zusammentun, richtet sich auch die reaktive Maßnahme nicht mehr so sehr gegen ein Kollektiv, das ohnehin zerstreut ist, als vielmehr gegen diese einzelnen und häufig namentlich bekannten Personen. Wenn sie direkt und mit tödlicher Gewalt angegriffen werden, spricht man gemeinhin von „gezielten Tötungen" (zur Definition vgl. Melzer 2008, S. 3 ff.; zur Debatte Finkelstein et al. 2012; Koch 2015a). Bewaffnete Drohnen sind keineswegs das einzige Instrument gezielter Tötungen, aber mittlerweile ein weithin etabliertes.

Nun kann man versuchen, solche gezielten Tötungen dadurch ethisch zu rechtfertigen, dass man das gewissermaßen „klassische" zwischenstaatliche Kriegsbild als normative Folie auch auf diese Situationen legt und dann schließt, dass die angegriffenen Personen eben die neuen feindlichen Kombattanten seien, gegen die tödliche Gewalt angewendet werden darf. Die Konstellation wird dann als „Krieg gegen den Terrorismus" oder als „Krieg gegen terroristische Gruppen" beschrieben, um ein bestimmtes normatives Muster aufzurufen. Damit wird dann aber verkannt, dass der „Krieg gegen den Terrorismus" nicht in jeder Hinsicht dem „klassischen Krieg" analog ist. Das gilt insbesondere, was die Rollenbindung der angegriffenen Personen und die räumliche und zum Teil zeitliche Eingrenzung des bewaffneten Konflikts betrifft.

Der traditionelle Soldat war für die Zeit des Krieges vorrangig in seiner Rolle als Kombattant gebunden; der aufständische oder terroristische Kämpfer einer nichtstaatlichen Konfliktpartei unserer Tage füllt möglicherweise mehrere Rollen – zivile und militärische – aus, indem er klischeehaft formuliert tagsüber Bauer und nachts Kämpfer ist *(revolving door)*. Für die gezielte Tötung wird er dann aber nur einseitig in seiner kämpfenden Rolle wahrgenommen, was alles andere als unproblematisch ist. Die klassische Einhegungsgrenze, die darin besteht, nur Kombattanten ins Visier zu nehmen, verwischt oder kollabiert sogar. Dieser Prozess ist nicht einfachin durch die Tatsache der bewaffneten Drohnen verursacht, aber dieses technische Instrument ermöglicht es eben, Menschen auf diese Weise als Gegner in den Blick zu nehmen, die vormals schon aufgrund der Tatsache, dass sie außer Reichweite waren, nicht so ins Visier gekommen wären. Womit schon auf den zweiten Entgrenzungseffekt übergeleitet ist: Ein klar umrissenes Schlachtfeld findet der „Drohnenkrieg" so nicht mehr vor (vgl. Heinsch 2017). So lässt sich beispielsweise auch von Island aus eine Waffenwirkung in Indonesien erzielen. Der symmetrischen Logik zufolge könnten nun die Gegner ihrerseits – legitim – von Indonesien aus die Gewalt nach Island zurücktragen. Wenn die traditionelle, symmetrische Kriegsfolie über den Drohnenkrieg gelegt wird, ist der Drohnenpilot nicht weniger gerechtfertigt angreifbar wie der Terrorist oder Aufständische, den er von der Distanz aus ins Visier nimmt. Praktisch ist es aber den durch Drohnen angegriffenen Personen so gut wie nie möglich, ihre Angreifer zu bekämpfen. Der Drohnenkrieg kennt keinen Kampf im eigentlichen Sinne mehr. Das normative Muster des bilateralen Krieges wird schal. Drohnenschläge kommen eher Hinrichtungen gleich.

2.3 Signaturangriffe

Die Aufklärungsfähigkeiten von UCAVs verbinden sich ideal mit den „Zuschlagsfähigkeiten" in einem Handlungstyp, den man als Signaturangriffe *(signature strikes)* bezeichnet. Das beim gezielten Töten vorausgesetzte Wissen um die Identität einer Person entfällt, wenn lediglich aufgrund eines Verhaltensmusters oder äußerer Merkmale (zum Beispiel männlich, älter als 16 Jahre, Waffe tragend etc.) die mögliche Gefährlichkeit dieses Menschen festgestellt wird. Solche Signaturangriffe verzichten also auf die namentliche oder persönliche Identifizierung einer ins Visier genommenen Person und orientieren sich nur an verdächtigen Verhaltensmustern, die als Anschlagvorbereitung oder sonstige Indikatoren für die Zugehörigkeit zur gegnerischen Gruppe gedeutet werden. Es gibt wenige Daten darüber, wie verbreitet diese Praxis tatsächlich ist. Aber eine ethische Diskussion muss die Möglichkeit solcher Schläge mit in Betracht ziehen. Zudem ist ein sogenannter „function creep" (Christen et al. 2017, S. 69) bei der Fortentwicklung technischer Instrumente alles andere als unwahrscheinlich. Eine solche Praxis würde dann aber immer mehr einer Art „Rasterfahndung" mit unmittelbarer Sanktionierung (ohne Gerichtsverfahren) entsprechen. Mit dem Modell traditioneller Kriegsführung kann eine solche Praxis kaum mehr legitimiert werden. Sie führt vielmehr in ein „aerial occupation regime" (Schockenhoff 2018, S. 719), das ansatzweise in Regionen Nord- und Mittelafrikas durch die Vereinigten Staaten von Amerika schon im Entstehen scheint. Da jedoch die Drohnenschläge der USA gerade unter der derzeitigen Regierung von Präsident Donald Trump wieder eher von den Streitkräften zu den Geheimdiensten zurückkehren, sind viele Fakten über Drohnenbasen und tatsächliche Stationierungen unklar (vgl. Penney et al. 2018). Die Politik einer Großmacht wirkt dann häufig wie ein Vorbild für andere echte oder vermeintliche Großmächte. Dass die flächendeckende Luftüberwachung mit sofortiger Sanktionierungsgewalt eine friedensethische Dystopie darstellt, muss im Grunde nicht vertiefend erläutert werden. Allenfalls ließe sich so ein „ziemlich negativer" Frieden sichern; ein positiver Friede könnte unter diesen Bedingungen kaum gedeihen.

2.4 Selbstschutz der eigenen Streitkräfte

Die ethische Diskussion wäre nun aber nicht vollständig, wenn bewaffnete Drohnen ausschließlich von ihrer dystopischen Seite her ins Licht gerückt werden. Selbstverständlich gehen mit dieser Technologie auch Vorteile einher, die von ethischem Gewicht und ethisch vorzugswürdig sein können. Solche Vorzüge zeigen sich oft im Vergleich mit den praktischen Alternativen. So sind ja bereits gezielte Tötungen nicht nur ethisch zurückzuweisen. Im Moment des Zielens bergen sie einen Vorteil gegenüber „ungezieltem" Töten, indem sie verhindern, dass Menschen großflächig von der Gewalt betroffen sind. Prekär ist aber das Moment des Tötens. Wer den Vorteil des gezielten Tötens gegenüber ungezieltem Töten herausstreicht, geht offenbar schon von einer vorgängigen Erlaubnis zum Töten aus. Diese ist aber keineswegs selbsterklärend. Wenn wir hier voraussetzen, dass die Todesstrafe nicht als legitim erachtet werden kann, bleibt lediglich verteidigende Gewalt als möglicher Legitimationsgrund übrig. Verteidigende Gewalt wäre es dann auch, die für die Ethik des bewaffneten Konflikts – sowohl für das *ius ad bellum* (vielleicht eher *ius contra bellum*) als auch für das *ius in bello* – bestimmend ist.

Nehmen wir also an, dass ein Einsatz militärischer Gewaltmittel erforderlich ist, um basale Güter, auf die Menschen ein Anrecht haben, zu verteidigen. Die Verhinderung eines Genozids wäre ein drastisches, aber auch explikatives Beispiel. Wenn die Konfliktrollen des Aggressors, des Opfers und des in Nothilfe herbeieilenden humanitären Interventionisten klar verteilt sind (die Realität ist hier wesentlich „unreiner" als die Theorie), kann gewaltsame Verteidigung gerechtfertigt sein, denn wir sind hier mit einer Situation konfrontiert, in der unausweichlich bestimmte Personen von Gewalt betroffen sind. Damit nicht das unschuldige Gewaltopfer die Last der Gewalt zu tragen hat, wird es durch eine dritte Partei verteidigt, die dafür aber Gewalt gegenüber dem Aggressor ausübt, was insofern gerecht ist, als der Aggressor die Situation erst geschaffen hat, die jetzt dieses Gewaltmittel nötig oder zumindest ethisch möglich macht. Da diese dritte Partei selber nicht verantwortlich ist für die geschaffene Situation, liegt es auch ethisch nahe, dass sie ihre Belastung reduziert. Dazu kann einem „Nothelfer" natürlich ferngesteuerte Technologie behilflich sein, weil sie ihn der Reichweite gegnerischer Gewalt entzieht. An diesem Selbstschutz der eigenen Streitkräfte kann, wenn das militärische Ziel gerechtfertigt ist, nicht viel ausgesetzt werden. Man kann, wie es Stefan Talmon (2014) in die Debatte um die Anschaffung bewaffneter Drohnen für die Bundeswehr eingebracht hat, sogar mit einigem Recht behaupten, dass der Staat verpflichtet sei, den Soldatinnen und Soldaten, die eben seine Bürgerinnen und Bürger sind, die bestmöglichen Schutzinstrumente an die Hand zu geben (vgl. Koch 2015b, S. 52 ff.). Allerdings ist der Begriff des Schutzes heikel (vgl. Koch 2014; Koch und Rinke 2018, S. 40 f.). Ähnlich wie Sicherheit ist er nicht operationalisierbar. Regina Ammicht Quinn (2018, S. 189 f.) spricht vom Sicherheitsparadox: „Je mehr Sicherheit ich habe, desto mehr Sicherheit brauche ich." Bei jedem Schutz- oder Sicherheitsniveau ist immer noch ein Zugewinn an Schutz denkbar. Insofern ist dem Schutzbegriff etwas Totalisierendes eigentümlich. In dem Hollywood-Film „I, Robot" (Regie: Alex Proyas, 2004) versucht ein künstlich-intelligenter Agent namens „V.I.K.I." die Menschen soweit vor sich selbst zu schützen, dass er sie komplett entmündigt. Man muss nicht so weit gehen, um zu sehen, dass gerade das Schutzargument endlos in die weitere Technisierung aller Lebensbereiche drängt. Mittlerweile wird sogar vorgebracht, dass Drohnenbediener durch die *Targeting*-Entscheidungen so stark psychisch belastet sind, dass diese bei ihnen zu posttraumatischen Belastungsstörungen führen können. Dagegen können dann nur noch automatisierte oder gar autonome Waffensysteme schützen.

Wer modernere Technik fordert, um den Schutz zu vergrößern, wird nie an ein Ende kommen. Damit besteht aber die Gefahr, dass sich jeder an einem Konflikt beteiligte Akteur in seinen „Bunker" zurückzieht und Kommunikation, die für jede friedensbildende Maßnahme notwendig ist, unmöglich macht. Intersubjektiver Kontakt ist immer mit Verwundbarkeiten verbunden. Mit solchen Verwundbarkeiten muss angemessen umgegangen werden; der vollständige Rück- oder Entzug wirkt letztlich nicht schützend, sondern steril.

Man muss also Soldatinnen und Soldaten zutrauen, dass sie gewisse Risiken übernehmen können und müssen. Handeln ist nie frei von Risiken, aber nur im Handeln können wir Tugenden zeigen – auch die Tugend der Friedfertigkeit (vgl. Sparrow 2013; Koch 2017b). Anderseits darf natürlich der Staat, dem die Soldatinnen und Soldaten nicht nur dienstverpflichtet, sondern auch anvertraut sind, diese nicht einfach der Gefahr preisgeben. Als britische Soldaten im (völkerrechtlich mindestens dubiosen, wenn nicht illegalen) Irakkrieg von 2003 in leichtgewichtigen Snatch Land Rover-Fahrzeugen unterwegs waren, kamen zahlreiche von ihnen durch Sprengfallen ums Leben. Offenkundig war die Absicht der militärischen Führung, nicht durch zu massiven Schutz der eigenen Streitkräfte die Bevölkerung des Iraks abzuschrecken (vgl. Coleman 2017). Dieses Ziel war richtig, aber möglicherweise war der Preis zu hoch. Soldatinnen und Soldaten dürfen selbstverständlich nicht schutz- und wehrlos Gefahren ausgesetzt werden. Dennoch kann es nicht immer der „optimale" Schutz sein; es müssen Schutzansprüche mit anderen legitimen Zielen abgewogen werden. Hier kommt man nicht umhin, von den jeweiligen Verantwortungsträgern die klassische Tugend der Klugheit *(prudentia)* einzufordern. Die Entscheidungen müssen klug und umsichtig vor Ort anhand der situativen Merkmale getroffen werden. In einem bekannten Beispiel verweist James Griffin auf die Landschaftsgestaltung: Man holzt Alleebäume an einer Ausfallstraße auch nicht gleich deshalb ab, weil statistisch gesehen jährlich einige Personen durch Unfälle an diesen Bäumen ums Leben kommen. Der ästhetische Wert des Landschaftsschutzes wird hier so angesetzt, dass er die (statistischen) Unfalltoten aufwiegt. Wer nur Schutz als Kriterium anerkennt oder als oberstes Kriterium betrachtet, dürfte dies nicht zulassen. Ähnlich ist es mit den Einsätzen von Soldatinnen und Soldaten: Gerade, wer diesen Beruf innehat, darf sich, wenn er auf eine friedensfördernde Wirkung seiner Tätigkeit aus ist, nicht jedem Risiko entziehen. Anderseits muss er sich auch keinem unverhältnismäßigen Risiko aussetzen.

2.5 Risikoverteilung in bewaffneten Konflikten und das Problem der Verhältnismäßigkeit

Dass der Einsatz von Waffentechnologien das Verschieben von Risiken auf verschiedene Gruppen von Konfliktteilnehmern bedeuten kann, hat man spätestens im Kosovo-Krieg von 1999 erkennen können, als die NATO-Luftstreitkräfte bei ihren Angriffen auf Ziele in Serbien so hoch geflogen sind, dass sich die Piloten außerhalb der Reichweite der serbischen Luftabwehr befunden haben. Dieser Schutz hatte seinen Preis: Die hohen Luftangriffe gingen zulasten der Präzision, so dass die zivile Bevölkerung in stärkerem Maße gefährdet war. (Dies ist etwas pauschal gesprochen. Ein differenziertes Bild gibt Lambeth 2001.) Auch bei Drohneneinsätzen verweisen NGOs immer wieder auf eine durchaus signifikante Zahl von Kollateralopfern. Wie viel Selbstschutz moralisch möglich ist, ohne den Schutz anderer Personen allzu sehr einzuschränken, gehört zum Kern der ethischen Debatte um den legitimen Einsatz modernster Waffentechnologien. Aus diesem Grund sind Überlegungen zum Verhältnismäßigkeitsprinzip in bewaffneten Konflikten so bedeutend geworden.

Jeff McMahan hat mit seiner Unterscheidung von „weiter" und „enger" Verhältnismäßigkeit der Debatte einen entscheidenden Impuls gegeben (vgl. Koch 2019a, S. 84 ff.). Weite Verhältnismäßigkeit kommt überall dort ins Spiel, wo unbeteiligte Dritte als Opfer einer an sich legitimen verteidigenden Handlung zu Schaden kommen. Dazu kann es kommen, weil das Mittel der legitimen Abwehr so massiv ist, dass es nicht, ohne Dritten zu schaden, angewendet werden kann. Ob es dann angewendet werden darf, hängt nun davon ab, ob der Schaden im weiten Sinne verhältnismäßig ist. So wird man vermutlich die Rettung des eigenen Lebens um den Preis, dass eine Unbeteiligte oder ein Unbeteiligter (also nicht der oder die Angreifer selbst) sein Leben verliert, in den meisten sozialen Gemeinschaften als unverhältnismäßig ansehen. Erst recht gilt dies dann, wenn mehrere Unbeteiligte getötet würden. Enge Verhältnismäßigkeit dagegen bestimmt, ob ein verteidigender Angriff dem Ausmaß des Angriffes und dem Umfang, in dem ein Angreifer für seinen Angriff verantwortlich ist, gerecht wird. In der Diskussion der weiten Verhältnismäßigkeit geht es also um die Schäden an unbeteiligten Personen, die bei verteidigender Gewalt entstehen können; in der Diskussion der engen Verhältnismäßigkeit geht es um die Schäden am Angreifer, die bei der Verteidigungshandlung erzeugt werden.

Die Überlegungen zur weiten Verhältnismäßigkeit sind fundamental für die Frage zulässiger Kollateralschäden in bewaffneten Konflikten; insbesondere dann, wenn sie durch höhere Risiken bei den eigenen Soldatinnen oder Soldaten vermieden werden könnten wie im Falle der NATO-Bombardements auf serbische Ziele. Bewaffnete Drohnen töten aus der Distanz, was umstehende Personen am Ort des Einschlages notgedrungen mehr gefährdet als dies bei einem zielgerichteten Einsatz eines Sonderkommandos am Boden der Fall wäre.

Mit bewaffneten Drohnen kann im Grunde nur tödliche Gewalt ausgeübt werden. Oft aber ist die Tötung als verteidigende Maßnahme (im engen Sinn) völlig unverhältnismäßig. Festnahmen sind meistens nur möglich, wenn Soldaten größere Risiken eingehen. Dennoch legt sich aus Gründen der engen Verhältnismäßigkeit eine solche Risikoübernahme oft ethisch nahe. Die enge Verhältnismäßigkeit betrifft – um es nochmals zu betonen – das Verhältnis von verteidigender Maßnahme und der „Haftbarkeit" *(liability)* des ursprünglichen Angreifers. Das unschuldige Opfer oder der Nothelfer haben keine Haftbarkeit und sind somit in einem solchen Fall auch nicht verpflichtet, Lasten auf sich zu nehmen. Anders ist es aber bei Angreifern, die nur beschränkt haftbar sind, weil sie beispielsweise irregeleitet wurden oder unter enormen Druck stehen. Besonders eindrücklich sind Fälle von Kindersoldaten, die zwar Angreifer sein können, von denen wir aber wissen, dass sie für ihr Handeln noch keine volle Verantwortung tragen. Bei der Abwehr von Gefahren, die von Kindersoldaten ausgehen, kann man ethisch durchaus erwarten, dass die Verteidiger höhere Risiken auf sich nehmen, um die Kinder so weit wie möglich zu schonen. Solche Schonung ist aber mit bewaffneten Drohnen nicht möglich.

Es gibt kein absolutes Maß dafür, unter welchen Bedingungen Handlungsfolgen in bewaffneten Konflikten verhältnismäßig sind oder nicht. Wenn in vergleichbaren Fällen bestimmte Schäden als verhältnismäßig angesehen worden sind, können sie auch im konkreten Fall bei ähnlichen Umständen als verhältnismäßig gelten (vgl. Koch 2019b). Soziale Praktiken verändern aber auch die normativen Einschätzungen, weshalb besonders darauf geachtet werden muss, ob sich nicht unter der Hand Maßstäbe verschieben. Überspitzt gesagt: Es könnte dazu kommen, dass eine inflationäre Verwendung von bewaffneten Drohnen den Drohneneinsatz zunehmend als das verhältnismäßige Mittel der Bekämpfung von Gegner ansehen lässt, auch wenn andere Möglichkeiten der Gefahrenabhilfe zur Verfügung stehen.

3 Autonome Waffensysteme

Bei allen ethischen Bedenken, die man zu Recht haben muss, ist doch so viel Realismus vonnöten anzuerkennen, dass die bewaffnete Drohne nicht mehr aus dem militärischen (und vielleicht auch geheimdienstlichen) Arsenal großer Staaten zu verbannen ist. Das politische Engagement richtet sich daher auf ein Verbot sogenannter „letaler autonomer Waffensysteme" (LAWS[1]), in denen die Fernsteuerung durch Eigensteuerung ersetzt ist.

Die moralphilosophische Debatte um autonome Waffensysteme ist anders zu verorten als die um ferngesteuerte Robotik. Freilich gibt es Anknüpfungspunkte: Wenn autonome Waffensysteme eingesetzt werden sollen, ist wie bei jedem anderen militärischen Gerät zu fragen, was die Gewaltanwendung – noch dazu, wenn sie tödliche Gewalt darstellt – überhaupt rechtfertigt. Aber mit LAWS verbinden sich eben auch spezifische Schwierigkeiten, die autonome, von sogenannter künstlicher Intelligenz gestützte Technologien insgesamt betreffen. Drohnen stehen eher im Dienst einer „Individualisierung" der Kriegsführung; autonome Waffensysteme aber können in Schwärmen auch zu einem Massenvernichtungsmittel werden (vgl.

---

1   Das Akronym „LAWS" wird hier im Singular und Plural verwendet.

O'Connell 2018). Aufgrund dieser noch stärkeren Verbindung zu Robotik und künstlicher Intelligenz wird das Thema der Ethik autonomer Waffensysteme häufig in das weite Feld einer sogenannten Maschinenethik verortet (vgl. Misselhorn 2018, S. 155 ff.). Im Gegensatz zur Technikethik, die den Umgang des Menschen mit technischen Instrumenten thematisiert, fragt die Maschinenethik nach einer „Ethik *für* Maschinen, im Gegensatz zu einer Ethik für Menschen im *Umgang mit* Maschinen" (Misselhorn 2018, S. 8; Hervorh. im Original). Sie fragt aber zu wenig danach, ob diese Rede von „handelnden" und „entscheidenden" Robotern überhaupt sinnvoll ist (vgl. Nida-Rümelin und Weidenfeld 2018, S. 200).

3.1 Menschen und Maschinen

Ethische Reflexion erfolgt im Medium der Sprache. Argumentationsgänge sind sprachliche Gebilde. Ob sie etwas über die Wirklichkeit aussagen, hängt vom Verhältnis der in ihnen verwendeten Begriffe und Propositionen zur Wirklichkeit ab. Es ist hier nicht der Ort, semantischen Theorien nachzugehen, aber es muss über die Semantik bestimmter, in den ethischen Debatten verwendeter Begriffe gesprochen werden. So wird in der öffentlichen Diskussion ein autonomes Waffensystem häufig als eines bestimmt, das „selbstständig über Leben und Tod entscheidet".[2] Eine solche Bestimmung hat den Vorteil, dass sie das Neuartige an autonomen Waffensystemen gewissermaßen plastisch zum Ausdruck bringen kann. Durch die Verwendung des Entscheidungsbegriffes gelingt es, solche Roboter an unsere Lebenswirklichkeit zurückzubinden. Nur liegt andererseits genau darin das Problem: Was „Entscheiden" bedeutet, wissen wir am Ende nur aus unserer Selbstwahrnehmung als Entscheidende. „Entscheiden" ist, wenn wir phänomenologisch auf die-

---

2 Man sehe nur auf das Plenarprotokoll des Deutschen Bundestags zur aktuellen Stunde am 2. Juli 2014. http://dipbt.bundestag.de/dip21/btp/18/18045.pdf#P.4053.

sen Vollzug blicken, eingebettet in ein Geflecht von Absichten und empirischen wie normativen (Freiheits-)Horizonten; beides kennt ein Roboter nicht (vgl. Koch 2016b). Mit ihm lassen sich nur simulierte Entscheidungen nachbilden: „Digitale Zustände und Prozesse *simulieren* mentale Zustände, sind aber auch dann nicht mit ihnen identisch, wenn sie in dieser Simulation perfekt wären" (Nida-Rümelin und Weidenfeld 2018, S. 41, Hervorh. im Original). Dass wir von Maschinen sagen, sie würden entscheiden, hängt wohl eher damit zusammen, dass uns von außen betrachtet der maschinelle Vollzug so undurchsichtig vorkommt wie die Entscheidung eines anderen Menschen, die wir ebenfalls nie gänzlich durchdringen. Wenn wir aber mehr über die Entscheidungen von Menschen wissen wollen, fragen wir diese Menschen nach ihren Gründen. Wenn wir mehr über die „Entscheidungen" von Maschinen wissen wollen, sehen wir auf die algorithmische Struktur, der sie unterliegen. Die Gemeinsamkeit des menschlichen und des maschinellen Entscheidens ist also eher eine *ex negativo*. Eine Einheitlichkeit des Entscheidungsbegriffs ist damit nicht gewährleistet. Das heißt nun aber, dass wir uns in ein riskantes Unterfangen begeben, wenn wir normative Schlüsse ziehen, die mit einem Entscheidungsbegriff A beginnen und dann mit einem Entscheidungsbegriff B fortsetzen.

Die mittlerweile längst geläufige Definition des US-amerikanischen Verteidigungsministeriums bezüglich LAWS vermeidet klugerweise den Begriff der Entscheidung. Ein autonomes Waffensystem ist demnach „a weapon system that, once activated, can select and engage targets without further intervention by a human operator" (United States Department of Defense 2012, S. 13). Aber dem Problem des Anthropomorphismus entkommt auch sie nicht, denn „select" (auswählen) und „engage" (angreifen) sind im menschlichen Vollzug auch an Intentionen gebunden, die Maschinen nicht haben. Menschen wählen auch um einer Sache willen, sie wählen „um zu", nicht nur prädeterminiert von vorausgehenden Ursachen her. Freilich gibt es heute naturalistische Weltbilder, die auch menschliches Handeln letztlich in mechanistischen Konditionen begründet liegen sehen, zum Beispiel in der (wirklichen oder vermeintlichen) „Macht" der Gene. Man muss jedenfalls vorsichtig sein mit der Weise, wie man sich sprachlich auf sogenannte autonome Robotik bezieht. Diese Vorsicht ist selbst ein ethischer Imperativ. Wenn er nicht ausreichend beachtet wird, führt dies in normativen Überlegungen häufig dazu, dass die Rolle des Menschen im Umgang mit diesen Technologien eher verharmlost wird, weil nur ein enger Ausschnitt des ganzen Geschehens betrachtet wird. Dabei sind auch autonome Roboter instrumentelle Schöpfungen des Menschen, und es ist die Aufgabe *(officium)* des Menschen, diese Geräte ethisch vertretbar zu gestalten und zu nutzen oder gegebenenfalls auf sie zu verzichten.

Das Problem, LAWS überhaupt adäquat zu definieren, gehört zu den großen Schwierigkeiten in den Bemühungen, sie durch Rüstungskontrollmaßnahmen zu regulieren oder gar zu verbieten. Mittlerweile scheinen sich solche Definitionen durchzusetzen, die auf die kritischen Funktionen abstellen und weniger auf die inhärenten Eigenschaften („endowment of human-like intelligence"; Amoroso et al. 2018, S. 20) Bezug nehmen. Im Blick auf die praktischen Ziele der Beschränkung dieser Systeme ist das auch richtig. Aber das sprachliche Missverständnis kann dennoch leicht entstehen.

3.2 Normative „Scharniere"

Militärische Robotik kann gewaltorientiert oder gewaltfrei sein. Letzteres wären beispielsweise Minenräumroboter oder Sanitätsroboter zum Transport von Verwundeten aus einem Schlachtfeld. Die ethische Problematik liegt im Ersteren. Ihre Gewalt kann sich gegen Sachen oder Menschen richten. Gewalt gegen Sachen ist keinesfalls unproblematisch, denn es kann von ihnen viel für Menschen abhängen. Prekärer ist die Gewalt gegen Menschen. Diese kann offensiv oder defensiv sein. Ein defensives autonomes System, das sich lediglich gegen Sachen wendet, wäre beispielsweise ein autonomes Raketenabwehrsystem. Mit guten Gründen wird es als weniger kritisch angesehen als ein defensives System, das sich gegen Menschen richtet, wie zum Beispiel Grenzschutzanlagen; noch problematischer ist allerdings ein offensives gegen Menschen gerichtetes System, also ein Kampfroboter im eigentlichen Sinne, der sich „selbstständig" seine eigenen Zielpersonen sucht.

Des Weiteren ist Automatisierung von der Autonomisierung zu unterscheiden (in Anlehnung an Hancock 2014): Beides bezeichnet technische Systeme, die „selbständig" reagieren; automatisierte Systeme reagieren determiniert nach einem vorgegebenen Programm. Autonome Systeme stellen eine anspruchsvollere Stufe dar. Häufig werden sie mit der Idee des Selbstlernens in Verbindung gebracht, zuweilen wird aber auch schon unterhalb eines lernenden Systems von einem autonomen System gesprochen. Lernende Systeme können Kontextvariablen aufnehmen, mit Erfolgskonstanten abgleichen und dadurch ihre Reaktion für künftige Fälle anpassen. Die Determination ist nicht linear und für den Menschen kaum mehr nachvollziehbar. (Selbst bei nicht-lernenden Systemen sind komplexe Interaktionen schwer nachvollziehbar, aber sie sind eher wiederholbar und damit vorhersehbar.)

Die Spitze der ethischen Problematik autonomer militärischer Systeme stellt also das offensiv eingesetzte, letale Waffensystem dar. Wenn im Folgenden der Fokus auf diesen LAWS im eigentlichen Sinne liegt, dann ist dies aber nur der Begrenztheit des hier vorhandenen Raumes geschuldet; keineswegs soll damit eine Unbedenklichkeitsbescheinigung für die übrigen soeben erwähnten Formen ausgestellt werden.

3.3 Deontologische Argumente

Autonome Waffensysteme sind vielen Menschen suspekt, weshalb sie auf der Suche nach Argumenten sind, die zeigen können, dass man sie verbieten sollte. Moralphilosophen geht es in dieser Hinsicht ähnlich. Sie wissen aber, dass sie für einen definitiven Ausschluss eines technischen Instruments Argumente benötigen, die nicht wiederum von äußeren Bedingungen und Kausalrelationen abhängig sind, denn dann würde mit der Geltung der Kausalrelation oder dem Vorliegen der empirischen Bedingung die Kraft des Arguments stehen und fallen. Wer beispielsweise behauptet, LAWS müsste man verbieten, weil sie die Zahl ziviler Opfer erhöhten, hat schlechte Karten, wenn sich die empirische Behauptung als unzutreffend erweist. Daher hat sich die erste Aufmerksamkeit auf mögliche deontologische Einwände gegen die Entwicklung, Herstellung und Nutzung von LAWS gerichtet. Insbesondere der Gedanke, LAWS würden – wie andere autonome Technologien – eine Verantwortungslücke erzeugen und dürften deshalb nicht eingesetzt werden, schien aussichtsreich. Die Maschine kann *per definitionem* nicht verantwortlich gemacht werden, aber da kein Mensch die autonomen Prozesse vorhersehen könne, sei auch kein Mensch verantwortlich. Dieser Gedanke ist aber alles andere als voraussetzungslos: Warum sollte der normative Teil des Argumentationsgangs „Technologien, die eine Verantwortungslücke erzeugen, dürfen nicht eingesetzt werden" überhaupt unbestritten sein? Könnte man nicht die Nutzung einer Technologie akzeptieren, die im Großen und Ganzen zu positiven Effekten führt und nur manchmal mit kleineren Unebenheiten *(hiccups)* zu kämpfen hat, für die es dann keine verantwortliche Person gibt? Es wäre zweifellos ethisch spannend, die Praxis des Verantwortlichmachens zu hinterfragen: Weshalb dulden wir beispielsweise kaum mehr natürliche oder schicksalhafte Vorgänge? Auch für Felsstürze werden Politiker verantwortlich gemacht, weil sie nicht rechtzeitig geeignete Sicherungsmaßnahmen ergriffen haben.

Daher liegt es auch keineswegs nahe, dass es zu einer Verantwortungslücke kommen wird. Verantwortungsbeziehungen sind multirelational und immer auch mit gewissen Momenten von positiver Setzung verbunden. Hundehalter haften auch dann für das Verhalten ihres Haustieres, wenn kein irgendwie signifikantes Risiko abzusehen ist. In manchen Fällen scheinen Formen von *strict liability* (strenger Haftbarkeit) akzeptabel, welche Verantwortungsbeziehungen zwischen einer Person und einem empirischen Vorgang auch dann herstellen, wenn sich die Person gar nicht in der Kausalkette befindet, die zum betreffenden empirischen Vorgang führt. Das ist beispielsweise dann der Fall, wenn man einen militärischen Führer für das Handeln seiner Truppen verantwortlich macht, obwohl er von seinen Truppen zum Zeitpunkt dieser Handlungen so abgeschnitten war, dass er das Handeln gar nicht beeinflussen konnte. Ähnlich verhält es sich auch mit der Verantwortung, die politisch Handelnde übernehmen müssen, wenn in ihren untergebenen Bereichen Fehlentwicklungen auftreten, ohne dass sie diese wirklich kausal hätten verhindern können (weil sie zum Beispiel nicht darum wussten.) Das Bewusstsein, dass eine solche „strenge Haftbarkeit" vorliegt, motiviert im Idealfall die Person, alles zu tun, dass es zu dem problematischen Vorgang nicht kommt (vgl. Walzer 1982, S. 450 ff.). Wieso sollten neben Verantwortlichkeitsregelungen für Programmierer, Hersteller und Nutzer, die ja eine kausale Rolle spielen, nicht auch bestimmte Haftbarkeiten im Modus der *strict liability* infrage kommen? Das gilt zunächst einmal rechtlich, und sicherlich würde hier der rechtliche Sachstand auch die moralische Beurteilung prägen und informieren. Das ist jedenfalls für Haftungsfragen nicht weiter schwierig. Bei der strafrechtlichen Beurteilung tut sich das Problem auf, ob eine Person wirklich subjektiv das wollte, was durch das autonome System in Gang gesetzt wurde (*mens rea;* vgl. Gaeta 2016). Aber in einer Welt der autonomen Technologie ist das Strafrecht vermutlich ohnehin nicht mehr der richtige Weg der Prozessregulierung.

Die andere Möglichkeit, Robotern ähnlich wie Kapitalgesellschaften eine eigene Rechtspersönlichkeit zu geben (und eventuell mit Haftungskapital auszustatten), scheint für das positive Recht möglich, für die moralische Zugangsweise aber unplausibel. Noch halten wir Menschen für die eigentlichen Subjekte von Moral, also für jene Entitäten, die zu moralischem Handeln verpflichtet sind. Die Menge der „Objekte von Moral" ist weiter: Auch Tiere können wegen ihres Empfindungsvermögens als Objekte der Moral betrachtet werden, so dass moralische Agenten auch die Wirkungen ihrer Handlungen auf Tiere als letzte Zwecke beachten müssen. Sollten Roboter ein ähnliches Empfindungsvermögen gewinnen, würde dies auch für sie gelten. Umgekehrt fragt man aber derzeit eher, ob Roboter nicht zu Subjekten von Moral werden, ohne moralische Zwecke in sich selbst zu sein.

Unter den deontologischen Argumenten erscheint jenes, das der Nutzung von autonomen Waffensystemen eine Verletzung der

Menschenwürde vorwirft, aussichtsreicher (vgl. IPRAW 2018). Allerdings sind auch hier erst die Voraussetzungen zu klären. Das betrifft den Begriff der Würde, der wohl keine unumstrittene Definition finden wird, aber auch die Frage, wessen Menschenwürde durch die Nutzung von LAWS überhaupt gefährdet ist: der Person, die angegriffen wird, oder jener, die das System nutzt (vgl. u. a. Heyns 2016, S. 10 ff.)? Für beides lässt sich argumentieren: Die Würde der Person, die durch die Waffenwirkung aus einem LAWS getroffen wird, ist insofern tangiert, als in einem solchen Vorgang die minimalste Anerkennung einer Person als Person fehlt, die man sogar in einem legitimen Tötungshandeln (so es dieses gibt) noch als moralisches Erfordernis voraussetzen muss. Für das autonome System ist es völlig unerheblich, ob es mit einem Sack Kartoffeln, einem Tier oder einem Menschen zu tun hat. Alles ist ihm gleichermaßen Material – ein Gedanke, der ja auch beim Bewerten von robotischen Pflegesystemen für alte und kranke Menschen Gewicht hat. Die Würde dessen, der ein LAWS „beauftragt", für ihn seine Ziele zu verwirklichen, ist insofern betroffen, als er oder sie damit möglicherweise den Versuch unternimmt, die eigene Handlungsurheberschaft und die damit verbundene moralische Last auf rohe Technologie abzudrängen. Damit aber reduziert sie (oder er) sich selbst in ihrer menschlichen Personalität.

Wie gesagt werden die Würdeargumente keineswegs allgemein überzeugen. Daher hat eine andere Linie von Argumenten gegen die Nutzung von LAWS diese nicht in der Technologie selbst, sondern in ihren Vollzugsweisen im bewaffneten Konflikt gesucht. Insbesondere die schon für Menschen schwierige und heikle Bestimmung des Ersten Zusatzprotokolls zu den Genfer Konventionen (Art. 51, Abs. 5 b), wonach kollaterale Schäden bei militärischen Angriffen nur dann zulässig sind, wenn sie verhältnismäßig sind – bemessen am militärischen Vorteil, der aus diesen Angriffen folgt –, ist für ein autonomes System gewissermaßen *a priori* nicht erfüllbar, da solche Systeme keine Wertsetzungen vornehmen können. Wenn aber Wertsetzungen nicht möglich sind, sind auch Abwägungen nicht möglich, die das Gesetz erfordert. In der Tat hat das LAWS keine eigenständige Wertvorstellung von einer Schar Kindern gemessen an einem Positionsgewinn für die eigenen Streitkräfte, oder von einem (zivilen) Kulturgut wie einer Moschee gemessen am Rückgang der Bedrohung durch die Tötung von drei gegnerischen Personen (vgl. Koch 2016a, 2017c, S. 104 ff.). LAWS können in der Tat nicht abwägen – was eben nicht das Gleiche ist wie mathematische Größen vergleichen –, aber dies fordert das humanitäre Völkerrecht auch nicht vom Waffensystem ein, sondern vom Nutzer des Waffensystems. Das Recht adressiert nicht das technische Instrument, sondern den Menschen. Menschen dürfen LAWS nicht zum Einsatz bringen, wenn sie damit rechnen können oder es als wahrscheinlich annehmen müssen, dass es dadurch zu exzessiven Kollateralschäden kommt. Einen grundsätzlichen Ausschluss durch das humanitäre Völkerrecht muss man nicht unbedingt annehmen. Immerhin lässt sich ja auch behaupten, dass sehr gute LAWS durch ihre Freiheit von Emotionen und der höheren Bereitschaft, sich selbst aufzugeben (wenn ihnen das so einprogrammiert ist), eher die Vorgaben des Rechts in bewaffneten Konflikten einhalten könnten (vgl. Arkin 2010; Scharre 2018, S. 279 ff.).

3.4 Das entscheidende konsequentialistische Argument

Dass es – als ein politischer Akt – richtig ist, auf ein völkerrechtliches Verbot von LAWS hinzuwirken (so man denn eine griffige Definition finden kann), liegt nicht an komplexen und voraussetzungsreichen philosophischen Argumenten, sondern an der schlichten Tatsache, dass mit LAWS eine Fülle von Risiken auf verschiedensten Ebenen zu erwarten sind. Das betrifft die Technik selbst und Gefahren des Hackings, des Spoofings (der unerwartbaren Interaktion) und des kaskadenartigem Versagens (*cascading failures,* Hancock 2017, S. 289; vgl. auch Koch und Schörnig 2017; Koch 2017a, S. 12).[3]

---

3 Hancock schlägt daher vor, Module in autonomen Systemen immer nur so zu konstruieren, dass sie auch umgangen werden können. Diese *buffering capabilities* erhöhten dann die Systemresilienz und gäben dem Menschen Kontrolle zurück.

Das beinhaltet aber auch Probleme auf dem sicherheitspolitischen Feld (vgl. hier den Beitrag von Jürgen Altmann in diesem Band sowie Altmann und Sauer 2017), Gefahren des Wettrüstens, des unbeabsichtigten Auslösens bewaffneter Konflikte, von Fehlfunktionen und Fehlsteuerungen. Schon bei autonomen Technologien wie dem fahrerlosen Auto verunsichern diese Risiken; bei LAWS aber kommt hinzu, dass diese Instrumente auf eine Waffenwirkung hin, also auf letale Effekte, ausgelegt sind. Die Tötung ist bei einem LAWS kein unglücklicher, zufälliger Umstand, sondern liegt gewissermaßen in der (ihm vom Menschen verliehenen) „Natur" der Maschine.

Aus der Debatte um die Nuklearenergienutzung ist uns plausibel, dass es nicht ausreicht, nur die Produkte von Nutzengrößen und Nutzenwahrscheinlichkeiten mit denen von Schadensgrößen und Schadenswahrscheinlichkeiten zu verrechnen. Wenn die Gefahr – selbst bei kleiner Wahrscheinlichkeit – besteht, dass es zu einem immensen Schaden kommt, dann sollte aus einem (deontologischen) Vorsichtsprinzip heraus auf die Nutzung dieser Technologie verzichtet werden. Es würde schon aus diesem Grund für die ethische Reife der Menschheit sprechen, sich auf ein Verbot von LAWS zu verständigen.[4]

3.5 Human-Autonomy-Teaming

Man muss aber wohl auch festhalten: Vollautonome Systeme sind im militärischen Bereich eher unwahrscheinlich. Sie widersprechen der militärischen Kultur des *command and control*. Aber es werden in Zukunft mit Sicherheit viele Systeme genutzt, die mit dem Ausdruck *manned-unmanned-teaming* (vgl. United States Department

---

4 Allerdings sollte man auch an einen Plan B denken, falls es zu keinem Verbotsabkommen kommt. Was wären ethisch zu fordernde Regulierungsschritte? Sicherlich Transparenz, um sicherzugehen, dass die Prozesse in den LAWS nicht wie in einer *Black Box* schwer oder nicht nachvollziehbar ablaufen, und damit wenigstens nachträglich Verantwortlichkeit und auch Haftbarkeit festgestellt werden kann.

of Defense 2011, S. vi, 82 ff.) oder sogar *human-autonomy-teaming* („Mensch-Maschine-Team"; vgl. Chen 2018) zu beschreiben sind (vgl. für Deutschland Schmitt und Schulte 2015). Man könnte eine Skala anfertigen, auf der solche Waffensysteme zwischen Fernsteuerung und vollautonomen Militärrobotern liegen. Denkbar sind beispielsweise Kampfflugzeuge als bemannte Zentraleinheit, die aber von unbemannten Flugzeugen begleitet werden. So eine unbemannte Begleitdrohne kann dann in einer bestimmten Region einen idealen Landeplatz, möglicherweise aber auch ein militärisches Ziel aufspüren und dies dem Piloten in der Zentraleinheit rückmelden, so dass der Pilot dann – auf Vorschlag des Systems – eine Handlungsoption, eventuell einen Angriff, wählt. Der Umstand, dass in diesem Fall im Gegensatz zu einem LAWS ein menschlicher Bediener *in the loop* bleibt, kann nur vordergründig beruhigen. Denn wie der Ausdruck *teaming* andeutet, soll der Mensch in dieser Konstellation nur ein „gleichberechtigter" Partner in einer Mensch-Maschine-Verbindung sein, der die „Entscheidungen" des autonomen Systemteils genau so akzeptieren und eventuell implementieren muss, wie umgekehrt das System auf seine Entscheidungen reagiert und diese umsetzt.

Human-autonomy-teaming ist nicht auf militärische Kontexte beschränkt. Dergleichen Verbindungen von Mensch und KI-basierter Maschine werden künftig auch an vielen Stellen im zivilen Leben Alltag sein. Paradigmatisch wird immer wieder der Straßenverkehr oder die ärztliche Diagnosehilfe durch „smarte" Kernspintomographen genannt. Aber es ist naheliegend, diese Technologien auch für innerstaatliche Rechtswahrung zu nutzen. Die Schwierigkeiten liegen einerseits im Bereich der Kommunikation: Muss und kann ein System, das auf künstlicher Intelligenz beruht und eigene „Entscheidungen" trifft, diese dem menschlichen Teil der „Partnerschaft" erklären? Wie umfangreich müsste eine solche Erläuterung sein, damit ein Mensch gegen die Wahl des Systems optieren kann? Was rechtfertigt das Vertrauen in das System (vgl. EU-Expert Group 2019, S. 14 ff.)? Im interpersonalen Umgang ist Vertrauen eine psychologisch recht komplexe Beziehung, die nicht nur von Erfolgsfaktoren abhängt.

Ein weiterer Schritt im Mensch-Maschine-*Teaming* stellen bestimmte *human enhancements* („menschliche Leistungssteigerer") dar. Sie sind dauerhaft an einem oder in einen menschlichen Träger implementiert und auf diesen zugeschnitten. Auch sie könnten lernfähig sein und ihrem „Wirt" Entscheidungen abnehmen oder zumindest Entscheidungsvorschläge unterbreiten. Diese Vorschläge sind dann besonders heikel, wenn sie das Leben oder die Gesundheit anderer Menschen betreffen. Die Systeme selbst sind problematisch, weil sie zusehends drohen, das Entscheidungsvermögen von Menschen überhaupt auszuhöhlen. Darin liegt eine Degradierung des Menschen zu einem Rad im Getriebe eines funktionalen Prozesses. Zum einen darf sich ein Mensch um seiner selbst willen („um seiner Würde willen") nicht zum Objekt degradieren. Zum anderen bleibt unklar, wer den Prozess selbst noch steuert und über sein Ziel entscheidet. Ein utilitaristisches Nutzenkalkül erschöpft das traditionelle moralische Selbstverständnis nicht. Wenn man in der Logik des Nutzenkalküls bleibt, könnte es auch „nützlich" sein, über das Nutzenkalkül hinausgehende überstehende Bereiche unseres moralischen Selbstverständnisses abzuschneiden und den Verlust als Gewinn erscheinen zu lassen. Das betrifft insbesondere bestimmte moralische Emotionen wie Scham oder Reue, die aus einer nutzenorientierten Perspektive oft nur lästig erscheinen, weil sie nicht funktional wirksam werden. Sie gehören aber zum moralischen Selbstbild von Menschen dazu.

4 Fazit

Dieses „humanistische" (Nida-Rümelin und Weidenfeld 2018) moralische Selbstbild zu bewahren und damit die Differenzen in unserem Selbstverständnis zu erhalten, ist eine entscheidende Aufgabe für die Ethik, aber auch für die Religionsgemeinschaften in unserer Zeit. Die Technik scheint gewissermaßen die Signatur dieser Zeit zu sein, die sich so stark in unsere Denkmuster eingebrannt hat, dass selbst auf das Versagen der Technik nur noch technisch reagiert werden kann. Auch die Friedensethik setzt heute häufig eher auf *peace building* oder Friedensproduktion durch Recht denn auf Friedenserziehung und Schulung von Haltungen durch Vorbild, Anleitung zur Tugend und Gebet. Indem die Technik eine große vereinheitlichende Kraft ausübt, ist sie in gewisser Weise auch ein Friedensstifter. Andererseits verringert der Einsatz des technischen Instruments die subjektive Beteiligung; der Nutzer der Technik zieht sich hinter diese zurück. Von einem „Kampf" lässt sich nicht mehr ernsthaft reden. Er wird durch Zwang und die Androhung des Zwanges ersetzt. Die technische Tötung als Exekution der Drohung kommt dann vielmehr der Hinrichtung gleich. Um sie für legitim halten zu können, muss man sich seiner Sache moralisch sehr sicher sein. Ambivalenzen werden nicht mehr ausgehalten, sondern technoform vereinheitlicht. Es bleibt aber fraglich, ob und wie lange es der Mensch in einer solchen *pax technica* aushält. Möglicherweise werden die thymotischen Gegenreaktionen nicht ausbleiben.

Literatur

Altmann, Jürgen und Frank Sauer. 2017. Autonomous Weapon Systems and Strategic Stability. *Survival. Global Politics and Strategy* 59 (5): 117–142.

Ammicht Quinn, Regina. 2018. Sicherheit als comfort zone? Ethische Perspektiven auf einen Leitbegriff der Europäischen Union. In *Die EU als ethisches Projekt im Spiegel ihrer Außen- und Sicherheitspolitik*, hrsg. von Alexander Merkl und Bernhard Koch, 181–202. Baden-Baden: Nomos.

Amoroso, Daniele, Frank Sauer, Noel Sharkey, Lucy Suchman und Guglielmo Tamburrini. 2018. *Autonomy in Weapons Systems. The Military Application of Artificial Intelligence as a Litmus Test for Germany's New Foreign and Security Policy*. Berlin: Heinrich Böll Stiftung.

Arkin, Ron. 2010. The Case for Ethical Autonomy in Unmanned Systems. *Journal of Military Ethics* 9 (4): 332–341.

Chen, Jessie Y. C. 2018. Human-Autonomy Teaming in Military Settings. *Theoretical Issues in Ergonomics Science* 19 (3): 255–258.

Christen, Markus, Thomas Burri, Joseph Chapa, Raphael Salvi, Filippo Santoni de Sio und John Sullins. 2017. An Evaluation Schema for the Ethical Use of Autonomous Robotic Systems in Security Application. DSI White Paper Series. White Paper No. 1. https://philpapers.org/archive/CHRAES-3.pdf. Zugegriffen: 15.Februar 2019.

Clausewitz, Carl von. 2003 [1832]. *Vom Kriege*. 4. Aufl. München: Ullstein.

Coleman, Clive. 2017. Mother Wins MoD Apology Over „Snatch" Land Rover Death. https://www.bbc.com/news/uk-40958686. Zugegriffen: 15. Februar 2019.

EU-Expert Group. 2019. High-Level Expert Group on Artificial Intelligence. Ethics Guidelines for Trustworthy AI. Brüssel: Europäische Kommission.

Finkelstein, Claire, Jens David Ohlin und Andrew Altman (Hrsg). 2012. *Targeted Killings. Law and Morality in an Asymmetrical World*. Oxford: Oxford University Press.

Gaeta, Paola. 2016. Autonomous Weapons Systems and the Alleged Responsibility Gap. In *Autonomous Weapons Systems. Implications of Increasing Autonomy in the Critical Functions of Weapons*, hrsg. vom International Committee of the Red Cross, 44/45. Genf: ICRC.

Hancock, Peter A. 2014. Automation: How Much is Too Much? *Ergonomics* 57(3): 449–454.

Hancock, Peter A. 2017. Imposing Limits on Autonomous Systems. *Ergonomics* 60 (2): 284–291.

Heinsch, Robert. 2017. Modern Drone Warfare and the Geographical Scope of Application of IHL. Pushing the Limits of Territorial Boundaries. In *Research Handbook on Remote Warfare,* hrsg. von Jens David Ohlin, 79–109. Cheltenham: Edward Elgar Publishing.

Heyns, Christof. 2016. Autonomous Weapons Systems. Living a Dignified Life and Dying a Dignified Death. In *Autonomous Weapons Systems. Law, Ethics, Policy,* hrsg. von Nehal Bhuta, Susanne Beck, Robin Geiß, Hin-Yan Liu und Claus Kreß, 3–19. Cambridge: Cambridge University Press.

International Panel on the Regulation of Autonomous Weapons (IPRAW). 2018. Focus on Ethical Implications for a Regulation of LAWS. https://www.ipraw.org/wp-content/uploads/2018/08/2018-08-17_iPRAW_Focus-On-Report-4.pdf. Zugegriffen: 15. Februar 2019.

Koch, Bernhard. 2014. Leben unter Drohnen. Die Befürworter des Einsatzes unbemannter Luftfahrzeuge sind um Argumente nicht verlegen. Die Gegner auch nicht. *Frankfurter Allgemeine Zeitung*, 2. Februar 2014, S. 7.

Koch, Bernhard. 2015a. Targeted Killing. Grundzüge der moralphilosophischen Debatte in der Gegenwart. In *Christliche Friedensethik vor den Herausforderungen des 21. Jahrhunderts*, hrsg. von Veronika Bock, Johannes J. Frühbauer, Arnd Küppers und Cornelius Sturm, 191–206. Münster: Aschendorff.

Koch, Bernhard. 2015b. Bewaffnete Drohnen und andere militärische Robotik. Ethische Betrachtungen. In *Moderne Waffentechnologie. Hält das Recht Schritt?*, hrsg. von Christof Gramm und Dieter Weingärtner, 32–56. Baden-Baden: Nomos.

Koch, Bernhard. 2016a. Es geht nicht nur um Steine. Ist militärischer Schutz von Kulturgütern erlaubt oder gar geboten? *Herder Korrespondenz* (11): 38–42.

Koch, Bernhard. 2016b. Maschinen, die uns von uns selbst entfremden. Philosophische und ethische Anmerkungen zur gegenwärtigen Debatte um autonome Waffensysteme. *Militärseelsorge. Dokumentation* 2016 (54): 99–119.

Koch, Bernhard. 2017a. Bewaffnete Drohnen. Was ihren militärischen Einsatz ethisch so fragwürdig macht. *Information Philosophie* 2017 (3): 8–15.

Koch, Bernhard. 2017b. Virtues for Peace. What Soldiers Can Do and Where Military Robotics Fails. In *The Nature of Peace and the Morality of Armed Conflict*, hrsg. von Florian Demont-Biaggi, 223–242. Cham: Palgrave Macmillan.

Koch, Bernhard. 2017c. Hybride Ethik für hybride Kriege? Reichweite und Grenzen der sogenannten „revisionistischen Theorie des gerechten Krieges". In *Krieg im 21. Jahrhundert. Konzepte, Akteure, Herausforderungen*, hrsg. von Hans-Georg Ehrhart, 88–113. Baden-Baden: Nomos.

Koch, Bernhard. 2019a. Reflexionen zur ethischen Debatte um das *ius in bello* in der Gegenwart. In *Rechtserhaltende Gewalt – zur Kriteriologie*, hrsg. von Ines-Jacqueline Werkner und Peter Rudolf, 75–100. Wiesbaden: Springer VS.

Koch, Bernhard. 2019b. Is Proportionality a Matter of Attitude? In *Chivalrous Combatants? The Meaning of Military Virtues Past and Present*, hrsg. von Bernhard Koch. Baden-Baden: Nomos (i. E.).

Koch, Bernhard und Bernhard-Wilhelm Rinke. 2018. Der militärische Einsatz bewaffneter Drohnen. Zwischen Schutz für Soldaten und gezieltem Töten. *TATuP – Zeitschrift für Technikfolgenabschätzung in Theorie und Praxis* 27 (3): 38–44.

Koch, Bernhard und Niklas Schörnig. 2017. Autonome Drohnen – die besseren Waffen? Kampfdrohnen und autonome Waffensysteme aus Sicht der Theorie(n) des gerechten Krieges. *Vorgänge* 218, 56 (2): 43–53.

Lambeth, Benjamin S. 2001. *NATO's Air War for Kosovo. A Strategic and Operational Assessment.* Santa Monica, CA: RAND.

Melzer, Nils. 2008. *Targeted Killing in International Law.* Oxford: Oxford University Press.

Misselhorn, Catrin. 2018. *Grundfragen der Maschinenethik.* Stuttgart: Reclam.

Nida-Rümelin, Julian und Nathalie Weidenfeld. 2018. *Digitaler Humanismus. Eine Ethik für das Zeitalter der Künstlichen Intelligenz.* München: Piper.

O'Connell, Mary Ellen. 2018. Autonomous Weapons and International Law. https://www.brookings.edu/events/autonomous-weapons-and-international-law/. Zugegriffen: 15. Februar 2019.

Penney, Joe, Eric Schmitt, Rukmini Callimachi und Christoph Koettl. 2018. C.I.A. Drone Mission, Curtailed by Obama, Is Expanded in Africa Under Trump. https://www.nytimes.com/2018/09/09/world/africa/cia-drones-africa-military.html. Zugegriffen: 11. Januar 2019.

Scharre, Paul. 2018. *Army of None. Autonmous Weapons and the Future of War.* New York: W.W. Norton & Co.

Schmitt, Fabian und Axel Schulte. 2015. Mixed-Initiative Interaction in Manned-Unmanned-Teaming Mission Planning: Design and Evaluation of a Prototype. https://doi.org/10.2514/6.2015-0114. Zugegriffen: 15. Februar 2019.

Schockenhoff, Eberhard. 2018. *Kein Ende der Gewalt. Friedensethik für eine globalisierte Welt.* Freiburg i. Br.: Herder.

Sparrow, Robert. 2013. War without Virtue? In *Killing by Remote Control. The Ethics of Unmanned Military,* hrsg. von Bradley Jay Strawser, 84–105. Oxford: Oxford University Press.

Talmon, Stefan. 2014. Die Pflicht zur Drohne. http://www.faz.net/aktuell/politik/staat-und-recht/menschenrechte-die-pflicht-zur-drohne-13036828.html. Zugegriffen: 15. Februar 2019.

United States of America Department of Defense. 2011. Unmanned Systems Integrated Roadmap. FY2011–2036. Approved for Open Publication. Reference Number 11-S-3613. https://fas.org/irp/program/collect/usroadmap2011.pdf. Zugegriffen: 15. Februar 2019.

United States of America Department of Defense. 2012. Directive No 3000.09 (November 21, 2012) on Autonomy in Weapon Systems. https://cryptome.org/dodi/dodd-3000-09.pdf. Zugegriffen: 15. Februar 2019.

Walzer, Michael. 1982. *Gibt es den gerechten Krieg?* Stuttgart: Klett-Cotta.

Autonome Waffensysteme – ethische und völkerrechtliche Problemstellungen

Robin Geiß

1 Einleitung

Autonome Waffensysteme markieren eine militärtechnologische Zeitenwende. Die Ankündigungen einiger Staaten, allen voran der USA, künftig verstärkt auf autonome Militärtechnologie zu setzen, haben in den vergangenen Jahren eine internationale Debatte über die ethischen und rechtlichen Implikationen solcher Systeme angestoßen. Dabei hat sich die Debatte bislang in erster Linie auf Kampfroboter (*Lethal Autonomous Robots* beziehungsweise *Lethal Autonomous Weapons Systems,* LAWS) konzentriert, das heißt auf autonome Entscheidungen am Ende der militärischen Entscheidungskette im Zusammenhang mit der Auswahl und dem Angriff konkreter Ziele. Der vorliegende Beitrag orientiert sich an dem (recht engen) Fokus der bisherigen Debatte, nimmt aber gleichzeitig zur Kenntnis, dass Kampfroboter lediglich die Spitze des Eisbergs sind und nur einen Aspekt der mit der zunehmenden Autonomisierung einhergehenden Herausforderungen darstellen.[1]

In den Augen ihrer Befürworterinnen und Befürworter haben autonome Waffensysteme zahlreiche Vorteile. So wären sie zum

---

1 Der Beitrag basiert auf Auszügen aus Geiß (2015), deren Wiederabdruck die Friedrich-Ebert-Stiftung freundlicherweise zugestimmt hat.

einen wesentlich besser als Menschen in der Lage, neue Informationen zu erfassen und zu verarbeiten. Sie handelten präziser, schneller und flexibler: sowohl in ihren Entscheidungen als auch beim Ausführen der Angriffe selbst. Die Systeme ersetzten Menschen auf dem Schlachtfeld und reduzierten so unmittelbar die Gefahr menschlicher Verluste im bewaffneten Konflikt. Zudem würden sie nicht durch Emotionen oder körperliche Erschöpfung beeinflusst und wären somit besser als menschliche Soldaten in der Lage, Routineaufgaben oder aber sehr gefährliche Missionen zu erledigen. Schließlich bestünde aufgrund der Abwesenheit von Angst, Wut oder Hass in Stresssituationen keine Gefahr von Exzessen und Kriegsverbrechen.

Die Kritikerinnen und Kritiker der Technologie hingegen warnen davor, dass der Wert des menschlichen Lebens abgewertet würde, wenn man die Entscheidung zum Töten einer Maschine überließe. Die Abwesenheit von Emotionen habe eben auch eine Kehrseite. So würden emotionslos agierende autonome Waffensysteme auch keine Gnade und keine Empathie kennen. Außerdem könnte sich die bereits bei herkömmlichen Drohneneinsätzen zu beobachtende „Videospielmentalität" der die Waffen einsetzenden Soldaten noch einmal verstärken (vgl. Geneva Academy of International Humanitarian Law and Human Rights 2014, S. 5). Es sei zudem keineswegs klar, ob solche Systeme überhaupt so programmiert werden könnten, dass die Gefahr gravierender Fehlfunktionen (hinreichend) sicher ausgeschlossen werden könne. Teilweise wird darüber hinaus auch vertreten, dass eine Waffengattung, welche die akuten Risiken der sie einsetzenden Konfliktpartei auf Null reduziere, aufgrund der signifikanten Asymmetrie inhärent unethisch sei.

Besonders Nichtregierungsorganisationen im Bereich der Menschenrechte und des humanitären Völkerrechts schlossen sich den kritischen Stimmen an. So wurde bereits 2009 das „International Committee for Robot Arms Control" gegründet (http://icrac.net/). Im Oktober 2012 schlossen sich mehrere Nichtregierungsorganisationen zur „Campaign to Stop Killer Robots" zusammen (http://www.stopkillerrobots.org/), um die Diskussion über autonome Waffensysteme auf internationaler Ebene voranzutreiben. Auch das

Europäische Parlament (2014) hat sich inzwischen dafür ausgesprochen, die Entwicklung, die Herstellung und den Gebrauch von vollständig autonomen Waffensystemen zu untersagen.

Die wissenschaftliche und politische Debatte um die Vorteile und Gefahren autonomer Waffen ist eingebettet in einen breiteren gesellschaftlichen Diskurs über die Implikationen zunehmender Automatisierungstendenzen in vielen Lebensbereichen. Die militärische Dimension dieser Debatte ist nur die Spitze des Eisbergs. Denn es stellt sich die ganz grundlegende Frage, wie viel „Entmenschlichung" sich die Weltgesellschaft in ihren gesellschaftlichen Abläufen leisten kann (und will), bevor die gesellschaftlichen Kosten zu hoch oder jedenfalls unkalkulierbar werden (vgl. Ford 2015). Die technologische Entwicklung in diesen Bereichen erscheint vielfach zwangsläufig und unausweichlich, wodurch sie von einem großen Teil der Gesellschaft nicht mehr als vorteilhaft wahrgenommen wird. Ethik und (Völker)Recht dienen dann als „Fesselungssysteme", mit denen die bedrohlich gewordene Technik eingehegt werden soll (Münkler 2013).

Im Folgenden werden die wichtigsten völkerrechtlichen und ethischen Fragen im Zusammenhang mit dem Einsatz autonomer Waffensysteme dargestellt und analysiert. Dabei ist es zunächst wichtig zu erkennen, dass Autonomie für sich genommen nicht das eigentliche Problem ist. Die Einführung selbständig agierender Minensuchboote oder von Robotern, die zur Bombenentschärfung eingesetzt werden können, lässt sich durchaus rechtfertigen. Es ist die Delegation kritischer Entscheidungen an nichtmenschliche Systeme, die grundlegende ethische und rechtliche Fragen aufwirft. Besonders kritisch ist vor allem die Delegation von Entscheidungen über menschliches Leben.

2 Können autonome Waffensysteme die Regeln des humanitären Völkerrechts einhalten?

In der Debatte um den Einsatz autonomer Waffensysteme lag der Fokus bislang vorrangig auf der Frage, ob die Systeme in der Lage sein würden, die Regeln des humanitären Völkerrechts einzuhalten. Das sind jene völkerrechtlichen Vorschriften, die während eines bewaffneten Konflikts anwendbar sind. Sie modifizieren zentrale menschenrechtliche Bestimmungen wie insbesondere das Recht auf Leben. Dieses wird während eines bewaffneten Konflikts nur nach Maßgabe des humanitären Völkerrechts gewährt. Das bedeutet unter anderem, dass feindliche Kämpfer und Kombattanten als legitime militärische Ziele grundsätzlich zu jeder Zeit angegriffen werden dürfen, selbst wenn sie zum gegebenen Zeitpunkt keine unmittelbare Gefahr für die andere Konfliktpartei darstellen.

2.1 Das Unterscheidungsprinzip: Ist es möglich, autonome Systeme so zu programmieren, dass sie auch in komplexen Einsatzszenarien sicher zwischen geschützten Zivilpersonen und feindlichen Kämpfern unterscheiden können?

Zivilistinnen und Zivilisten sind auch im bewaffneten Konflikt niemals legitime Ziele. Auf dieser Prämisse basiert das zentrale Unterscheidungsprinzip, das insbesondere in Artikel 51 des ersten Zusatzprotokolls zu den Genfer Konventionen niedergelegt ist und auch gewohnheitsrechtlich für alle Staaten gilt. Absatz 2 der Vorschrift stellt klar, dass weder die Zivilbevölkerung als solche noch einzelne Zivilpersonen das Ziel von Angriffen sein dürfen. Für den Kontext autonomer Waffensysteme folgen daraus mehrere Fragen: Zunächst muss geklärt werden, ob die Sensoren solcher Systeme die gebotene Unterscheidung jemals mit hinreichender Zuverlässigkeit treffen können. Schon dies ist eine technische Herausforderung, an deren Umsetzbarkeit einige Expertinnen und Experten der Robotik zweifeln (vgl. u. a. Sharkey 2012, S. 787 f.).

Über diese rein faktische Unterscheidungsfähigkeit hinaus ist aber auch der Tatsache Rechnung zu tragen, dass die Einhaltung des Unterscheidungsgebots stets hochkomplexe Abwägungsprozesse erfordert. In den kritischen Situationen eines bewaffneten Konflikts geht es immer auch um Wertentscheidungen. Selbst wenn man sehr weit fortgeschrittene Sensortechnik voraussetzt, bleibt noch immer die Frage, ob dieser Aspekt jemals von Algorithmen geleistet werden kann. Das gilt insbesondere für typische Konfliktsituationen gegenwärtiger bewaffneter Auseinandersetzungen, die durch eine zunehmende Unübersichtlichkeit und Komplexität gekennzeichnet sind. Schlagworte wie „asymmetrische Kriegführung" und „urban warfare" stehen insbesondere auch für die enormen Schwierigkeiten, irreguläre Kämpfer und andere legitime Ziele von der zu schützenden Zivilbevölkerung zu unterscheiden. Denn dabei geht es gerade nicht um die sensorische Erfassung einer bestimmten Bewaffnung oder feindlicher Uniformen, sondern um die Interpretation unmittelbaren Verhaltens. Es ist unklar, ob Computersysteme jemals in der Lage sein können, angesichts solcher Unübersichtlichkeit das Unterscheidungsgebot einzuhalten. Bemerkenswert ist in diesem Zusammenhang, dass die Richtlinien der US-Armee für ethisches Verhalten in Einsätzen ausdrücklich das Kriterium des „Bauchgefühls" mit einbeziehen. So soll der Soldat vor dem Einsatz seiner Waffe als letzten mentalen Schritt prüfen, ob sich eine bestimmte Handlungsalternative in moralischer Hinsicht „richtig" anfühlt. Selbst Befürworterinnen und Befürworter autonomer Waffensysteme räumen ein, dass ein solches Erwägen Algorithmen nicht zugänglich ist (vgl. Arkin 2011, S. 51). Insbesondere erscheint es problematisch, Verhaltensregeln für nicht eindeutige Kampfsituationen zu programmieren. So stellen einige Expertinnen und Experten zumindest infrage, dass es gelingen könnte, autonome Waffensysteme mit einer Fähigkeit zu „zweifeln" auszustatten, die effektiv verhindern würde, dass diese in einer solchen Situation ihren Angriff fortsetzten (vgl. Schmitt 2013, S. 16).[2]

---

2 Dagegen geht Arkin davon aus, man könne einem System das *do no harm*-Prinzip einprogrammieren, das ihm den Einsatz tödlicher Gewalt auto-

Andererseits sehen sich menschliche Soldatinnen und Soldaten schon heute mit der gleichen Schwierigkeit konfrontiert. Sie machen Fehler und können bewusst oder unbewusst gegen das Unterscheidungsgebot verstoßen. Stress, Wut oder Angst sind Faktoren, die rechtliche Überschreitungen auslösen oder begünstigen können. Es sind gerade solche Emotionen, mit denen Maschinen nicht zu kämpfen haben. Dies wird als Hauptargument dafür angeführt, warum autonome Waffensysteme wesentlich besser als Menschen in der Lage seien, das Unterscheidungsgebot auch in unübersichtlichen Situationen aufrechtzuerhalten. Für einen Roboter, der nicht um sein Leben fürchtet, sei es bedeutend leichter, die völkerrechtlich geforderte Vermutung, ein Mensch sei ein zu schützender Zivilist, so lange aufrechtzuerhalten, bis dieser tatsächlich seine Waffe zieht und damit zum legitimen Ziel wird. Ein menschlicher Soldat hätte schon aus Gründen des Selbstschutzes ein überragendes Interesse, diese Vermutung umzukehren. Damit ist allerdings gleichzeitig auch die Frage aufgeworfen, warum es Robotern überhaupt gestattet sein sollte, gegnerische Kombattanten zu töten und nach den gleichen Regeln zu operieren wie menschliche Kombattanten. Wenn Roboter dem Menschen tatsächlich derart überlegen sind, wie vielfach behauptet wird, und zudem (gepanzert) ohne Eigenrisiko kämpfen könnten, müssten sie auch an entsprechend höhere – dem Stand der Technik angepasste – Schutzstandards gebunden werden.

Weiterhin ist darauf hinzuweisen, dass es natürlich nicht allein um den Schutz von Zivilistinnen und Zivilisten geht. Auch Soldatinnen und Soldaten dürfen nicht in jeder Situation angegriffen werden. Kombattanten, die sich ergeben haben oder verletzt sind, gelten als *hors de combat* und unterstehen dem Schutz des humanitären Völkerrechts. Es ist zumindest fraglich, ob autonome Waffensysteme in der Lage sein werden, diese Unterscheidungskriterien zuverlässig zu erkennen. Dafür wäre es erforderlich, Gesten, Mimik

---

matisch stets dann verbieten würde, wenn die Situation nicht völlig zweifelsfrei eingeordnet werden kann.

und Emotionen zu registrieren und korrekt einschätzen zu können. Das ist jedenfalls eine äußerst hohe Anforderung.

2.2 Das Verhältnismäßigkeitsprinzip: Ist es möglich, autonome Systeme so zu programmieren, dass unverhältnismäßige „Kollateralschäden" sicher ausgeschlossen sind?

Neben dem Unterscheidungsprinzip ist das Verhältnismäßigkeitsprinzip einer der Grundpfeiler des humanitären Völkerrechts. Während das Unterscheidungsprinzip direkte Angriffe gegen Zivilpersonen verbietet, sind indirekte Schädigungen an der Zivilbevölkerung – etwa wenn ein militärisches Objekt direkt angegriffen wird und umstehende Zivilpersonen zu Schaden kommen – erlaubt, soweit sie verhältnismäßig sind. Diese ebenfalls gewohnheitsrechtlich für alle Staaten geltende Regel findet ihre textliche Entsprechung in Artikel 51(5)(b) und Artikel 57(2)(a)(iii) des ersten Zusatzprotokolls. Konkret verbietet sie einen Angriff,

> „bei dem damit zu rechnen ist, dass er auch Verluste an Menschenleben unter der Zivilbevölkerung, die Verwundung von Zivilpersonen, die Beschädigung ziviler Objekte oder mehrere derartige Folgen zusammen verursacht, die in keinem Verhältnis zum erwarteten konkreten und unmittelbaren militärischen Vorteil stehen".

Die für diese Abwägung zwischen erwartetem militärischen Vorteil und dem möglichen Kollateralschaden mentale Operation ist eine komplexe, wertebasierte Einzelfallentscheidung, bei der es auf die Summe der Gesamtumstände ankommt. Die Frage ist wiederum, ob diese Kalkulation durch Algorithmen geleistet werden könnte. Könnte ein autonomes System tatsächlich den militärischen Vorteil einer Aktion richtig abschätzen? Der Internationale Strafgerichtshof für das ehemalige Jugoslawien hat 2003 bestimmt, dass es zur Feststellung, ob ein Angriff verhältnismäßig war, notwendig sei zu untersuchen, ob eine durchschnittlich informierte Person („a reasonably well-informed person") unter den zum fraglichen Zeitpunkt vorherrschenden Umständen und unter vernünftiger Berücksichtigung der verfügbaren Informationen hätte erwarten können, dass es durch den Angriff zu einer exzessiven Anzahl ziviler Opfer kommen würde.[3] Einige Expertinnen und Experten stellen infrage, ob autonome Systeme jedenfalls in der näheren Zukunft so programmiert werden könnten, eine solche Einschätzung zu leisten. Sollte dies nicht der Fall sein oder könnten autonome Systeme nicht sicher zwischen geschützten Zivilpersonen und feindlichen Kombattanten und Kämpfern unterscheiden, dürften die Systeme von vornherein nur in Umgebungen ohne anwesende Zivilbevölkerung eingesetzt werden (vgl. Boothby 2014, S. 110).

Andere Kommentatoren halten dieser Kritik wiederum das Argument entgegen, eine entsprechende Programmierung wäre vermutlich jedenfalls bis zu dem Grad möglich, der einer menschlichen Bewertung der jeweiligen Situation gleichkäme (vgl. Schmitt 2013, S. 19). Der Roboterwissenschaftler Ronald Arkin (2011, S. 58) geht sogar noch einen Schritt weiter und verweist auf den fehlenden Selbsterhaltungstrieb autonomer Systeme. Dadurch könnten sie nicht dazu verleitet werden, übermächtige und exzessive Waffengewalt anzuwenden, wodurch die Beachtung des Verhältnismäßigkeitsprinzips gerade viel zuverlässiger gewährleistet werden könne.[4] Dieser Einwand entkräftet allerdings nicht die Argumente derjenigen, die bereits bezweifeln, ob autonome Systeme überhaupt so programmiert werden könnten, dass sie das Verhältnismäßigkeitsprinzip zutreffend berechnen und dementsprechend einhalten können.

---

3   So das ICTY, Prosecutor v. Stanislav Galic, Judgment (Trial Chamber), Case No. IT989-29T vom 5. Dezember 2003, Rn 58.
4   Noel Sharkey (2012, S. 787, 790) kritisiert an Arkins Ansatz, dass dieser nur ein *back-end*-System entwerfe, welches sich darauf verlassen müsse, dass in naher Zukunft ausreichend leistungsfähige Sensoren entwickelt werden, die diese Software auch adäquat mit der Außenwelt verknüpfen. Solche seien jedoch gerade nicht in Aussicht, weshalb Arkins Argument ein bloßes Gedankenspiel sei und bleiben müsse.

2.3 Das Vorsorgeprinzip: Ist es möglich, autonome Systeme so zu programmieren, dass sie die humanitärvölkerrechtlichen Vorsorgepflichten sicher einhalten können?

Gemäß dem dritten Grundsatz des humanitären Völkerrechts müssen autonome Waffensysteme schließlich auch in der Lage sein, das humanitärvölkerrechtliche Vorsorgeprinzip zu beachten. Dieses ist eng mit dem Unterscheidungsgebot und Verhältnismäßigkeitsprinzip verknüpft und verlangt nach Artikel 57(1) des ersten Zusatzprotokolls, dass bei Kampfhandlungen stets darauf zu achten ist, „dass die Zivilbevölkerung, Zivilpersonen und zivile Objekte verschont bleiben". Demnach müssen kontinuierlich Maßnahmen getroffen werden, die zivilen Verlusten vorbeugen. Die Pflicht zur Vorsorge gilt für die gesamte Planungsphase eines bewaffneten Einsatzes und betrifft alle, die in die Vorbereitung involviert sind, also Kommandeurinnen und Kommandeure, aber auch bereits die Herstellerinnen und Hersteller sowie Programmiererinnen und Programmierer der Systeme (vgl. Boothby 2014, S. 115). Sie geht aber noch darüber hinaus. Die ursprüngliche Planung muss auch dann noch gültig und maßgeblich sein, wenn der Einsatz begonnen hat. Da während des Einsatzverlaufs viele unvorhergesehene Dinge passieren können, argumentieren einige Autorinnen und Autoren, aus dem Prinzip folge implizit die Pflicht, einen menschlichen Soldaten stets zumindest „on the loop" zu behalten, damit dieser spontan auf veränderte Bedingungen reagieren könne (vgl. Geneva Academy of International Humanitarian Law and Human Rights 2014, S. 16). Andere melden sogar bezüglich dieses Modus noch Zweifel an. Da computergesteuerte Waffensysteme Informationen deutlich schneller als Menschen verarbeiten und damit auch schneller reagieren können, sei fraglich, inwieweit man tatsächlich davon ausgehen könne, Soldatinnen und Soldaten „on the loop" wären in Kampfsituationen in der Lage, vor einer Angriffshandlung zu intervenieren, wenn das Waffensystem sich anschickt, eine Regel des humanitären Völkerrechts zu brechen (vgl. Alston 2012, S. 36, 54).

Echte „Vorsorge" bedeute daher wiederum, autonome Waffensysteme nur dort einzusetzen, wo eine Begegnung mit der Zivilbevölkerung von vornherein ausgeschlossen sei. Die eigentliche Entscheidung in Bezug auf die Regeln des humanitären Völkerrechts wird dann durch den Kommandeur selbst getroffen, der die Maschine ins Feld schickt. Es bleibt allerdings die Frage, inwieweit ein solches Szenario im Angesicht heute dominierender Konfliktformen realistisch ist. Wenn autonome Waffensysteme erst einmal existieren und einsatzfähig sind, wird es schwer sein, nicht der Versuchung zu erliegen, diese auch in komplexen und unübersichtlichen Situationen einzusetzen. Gerade hier sind menschliche Soldatinnen und Soldaten ja besonders gefährdet, wodurch der Anreiz, sie durch Roboter zu ersetzen, besonders hoch ist.

2.4 Zwischenergebnis zur Frage, ob autonome Systeme die Regeln des humanitären Völkerrechts einhalten können

Insgesamt ist in Bezug auf die Frage, ob autonome Waffensysteme die Grundregeln der Genfer Konventionen werden einhalten können, noch vieles spekulativ. Einige Expertinnen und Experten erwarten eine entsprechende Leitungsfähigkeit der Algorithmen und Sensoren, andere widersprechen. Das humanitäre Völkerrecht stellt hohe Anforderungen an Urteilskraft und Fähigkeit zur Interpretation verschiedenster kritischer Situationen im Feld. Moderne Konflikte zeichnen sich durch einen hohen Grad an Unübersichtlichkeit und Komplexität aus. Selbst die besten autonomen Systeme werden niemals eine allumfassende, kontextuelle Intelligenz besitzen können. Sie haben per Definition keine Möglichkeit, außerhalb ihrer Algorithmen zu denken. Das kann sich immer dann als fatal erweisen, wenn Unvorhergesehenes passiert. Es ist jedenfalls fraglich, ob Roboter auch dann noch sicher operieren, wenn sie vom ursprünglichen Einsatzplan abweichen müssen (vgl. Scharre 2011, S. 89, 92).

Andererseits: Wenn sich tatsächlich herausstellen sollte, dass autonome Systeme in der Lage sind, das Unterscheidungsgebot und Verhältnismäßigkeitsprinzip signifikant besser einzuhalten als menschliche Soldaten, dann ließe sich im Gegenteil sogar argumentieren, es bestehe geradezu die (jedenfalls moralische) Pflicht für den militärischen Kommandeur, in Konfliktsituationen mit anwesender Zivilbevölkerung autonome Systeme anstelle von Menschen für die Erfüllung einer Mission einzusetzen. Denn unter derartigen Bedingungen könnte nur auf diese Weise sichergestellt werden, dass Zivilpersonen so weit wie möglich geschützt werden. Es wird immer wieder betont, der Mensch sei heute das schwächste Glied in militärischen Entscheidungsvorgängen. Häufig werden Kriegsverbrechen durch eine emotionale Überforderung der Soldatinnen und Soldaten im Angesicht der Komplexität der Ereignisse und der Schrecken auf dem Schlachtfeld ausgelöst. In dieser Hinsicht seien autonome Waffensysteme immer überlegen und daher besser in der Lage, ethisch korrekte Entscheidungen zu treffen. Das Problem der Abwägung anhand moralisch-rechtlicher Grundprinzipien sei überschätzt: Es gehe ja gerade nicht darum, aus eigenen Erwägungen heraus zu eigenen Urteilen zu kommen. Im Gegenteil, Soldatinnen und Soldaten sollen nur diejenigen Regeln anwenden, die die Weltgesellschaft aufgrund universell gültiger Vorstellungen aufgestellt hat. Gerade wenn es um die Anwendung fester Regeln gehe, seien Algorithmen aus den genannten Gründen stets leistungsfähiger (vgl. Arkin 2011, S. 55, 82; Asaro 2012, S. 687, 700).

An diese Überlegung schließt sich allerdings eine grundlegendere Erwägung an, die in der aktuellen Debatte erst in jüngster Zeit aufgegriffen wurde und über die vorstehenden Erwägungen weit hinausgeht: Geht das gesamte Regelwerk des humanitären Völkerrechts nicht möglicherweise implizit von der Annahme aus, es mit genuin menschlichen Entscheidungsträgerinnen und -trägern im bewaffneten Konflikt zu tun zu haben? Wenn die Adressatinnen und Adressaten der aufgestellten Pflichten und Verbote Menschen sind, deren Emotionalität, Irrtumsanfälligkeit und Trieb zur Selbsterhaltung bereits in die rechtlichen Grundentscheidungen mit einbezogen sind, dann ist die Frage, ob autonome Waffensysteme das humanitäre Völkerrecht einhalten können, möglicherweise falsch gestellt. Entscheidender ist womöglich die Frage, ob die in dieser Rechtsordnung enthaltenen Regeln überhaupt noch die richtigen

Regeln sind, wenn autonome Kampfsysteme in die Konfliktführung involviert sind.

Aus dieser Überlegung könnte man folgern, dass die Systeme – wenn überhaupt – einem deutlich höheren Standard genügen müssten. Unter anderem könnte dies bedeuten, dass etwa der im Unterscheidungsprinzip enthaltene Schutzstandard – angesichts der sehr vereinfachenden, kategorischen Unterscheidung von angreifbaren und geschützten Personen – als zu schwach anzusehen ist. Stattdessen könnte für Entwicklerinnen und Entwickler autonomer Waffensysteme die rechtliche Pflicht aufgestellt werden, diese so zu programmieren, dass sie nur bei unzweifelhaft aggressiven und offensiven Verhaltensweisen gegnerischer Kombattanten zur Gewaltanwendung kommen dürfen. In Situationen hingegen, die nicht in dieser Hinsicht eindeutig sind, müssten die Systeme demgegenüber von einem Waffeneinsatz selbst dann absehen, wenn es menschlichen Soldatinnen und Soldaten bei identischer Sachlage nach den Regelungen des ersten Zusatzprotokolls und des Völkergewohnheitsrechts noch erlaubt wäre, zur Waffe zu greifen. Da autonome Systeme ohne unmittelbares (menschliches) Eigenrisiko operieren können, erscheint es durchaus vertretbar, ihnen – jedenfalls in Szenarien, in denen diese Systeme unmittelbar auf Menschen treffen – ein deutlich längeres Abwarten zuzumuten und sie an höhere rechtliche Schutzstandards zu binden, deren Einhaltung von einem Menschen in einer für ihn potenziell lebensgefährlichen Situation nicht erwartet werden könnte. Es müsste also stets geprüft werden, ob es unter den gegebenen Umständen überhaupt zwingend notwendig ist, dass ein Mensch sein Leben verliert (vgl. Asaro 2012, S. 687, 701). Diese Überlegung könnte sogar so weit gehen, dass in letzter Konsequenz verlangt werden könnte, autonome Waffensysteme dürften gar keine tödliche Gewalt anwenden, sondern vielmehr stets nur so vorgehen, dass Gegnerinnen und Gegner durch nichtletale Maßnahmen kampfunfähig gemacht werden. Diese allgemeinen, über den bestehenden Regelungsrahmen des humanitären Völkerrechts hinausgehenden Erwägungen sollen im Folgenden vertieft analysiert werden.

3 Verletzen letale autonome Systeme die Würde des Menschen?

Noch fundamentaler ist die Frage, ob es eventuell grundsätzlich – das heißt unabhängig von der Frage, ob autonome Systeme die geltenden Regeln des humanitären Völkerrechts einhalten könnten – gegen die Würde des Menschen verstößt, die Entscheidung zum Töten einer Maschine zu überantworten. In diesem Kontext ist es zunächst wichtig zu erkennen, dass dem Schutz der Menschenwürde im Völkerrecht ein anderer Status zukommt als im deutschen Grundgesetz. Zwar wird das Prinzip als ethischer Grundsatz der Völkerrechtsordnung durchweg anerkannt. Rechtlicher Status und Inhalt sind hingegen weit weniger eindeutig als nach deutscher Rechtslage (vgl. Petersen 2012, Rn 1). Die Menschenwürde wird jedenfalls nicht notwendigerweise überall auf der Welt als in gleicher Weise absolut und per se „unantastbar" wie in Artikel 1 des Grundgesetzes angesehen. Zum Teil wird sie auch „nur" als sehr wichtiger, aber gleichwohl der Abwägung zugänglicher Faktor berücksichtigt. In Artikel 8(2)(b)(xxi) und 8(2)(c)(ii) des Römischen Statuts des Internationalen Strafgerichtshofs ist immerhin niedergelegt, dass eine Handlung, die die persönliche Würde beeinträchtigt, den Tatbestand des Kriegsverbrechens erfüllt. Und auch wenn man nicht Maßstab und Definition des deutschen Verfassungsrechts anlegen kann, bedeutet die Würde des Menschen in philosophischer Hinsicht zumindest, dass jeder Mensch als Individuum wahrgenommen und dementsprechend behandelt werden muss, als einzigartiges, nicht austauschbares Wesen. Daraus folgt ganz unabhängig von rein rechtlichen Vorgaben für den Einsatz autonomer Systeme in bewaffneten Auseinandersetzungen eine ethische Dimension, die in die Erwägung mit einbezogen werden muss.

Verstößt es gegen dieses Prinzip der Unverwechselbarkeit menschlichen Lebens, wenn die Entscheidung über Leben und Tod einer vollkommen „rational", also auf Basis von Algorithmen operierenden Maschine überlassen wird? Es erscheint zumindest zweifelhaft, ob dieser Vorgang in letzter Konsequenz vollständig rationalisierbar ist. Gerade die inhärente Irrationalität, die durch die menschliche Entscheidung zu töten immer zugleich auch zum Ausdruck kommt, könnte als Grundvoraussetzung für ein Mindestmaß an moralischem Gehalt angesehen werden. Denn selbst wenn ein Soldat nach den Grundsätzen des humanitären Völkerrechts das Recht hat, einen gegnerischen Kombattanten in einer konkreten Situation zu töten, so geht der Handlung selbst bei entsprechender Befehlslage noch immer eine höchst persönliche Gewissensentscheidung beziehungsweise -prüfung voraus (vgl. O'Conell 2014, S. 224, 231).[5] Eine solche Operation menschlicher Vernunft, die ein Moment der Urteilskraft und des Mitgefühls mit einbezieht, ist autonomen Waffensystemen nicht zugänglich. Die Funktionsweise eines solchen Systems ermöglicht es im Gegenteil, Tötungsentscheidungen mit buchstäblich gnadenloser Konsequenz durchzuführen, ohne vorheriges moralisches Abwägen (vgl. Asaro 2012, S. 687, 695). Der Mensch wird dann gerade nicht mehr als Individuum wahrgenommen, sondern als bloßes Objekt einer mathematisch kalkulierten Tötungsentscheidung. UN-Sonderberichterstatter Christof Heyns (2016, S. 5) spricht in diesem Zusammenhang plakativ von „death by algorithm". Vor diesem Hintergrund erscheint es jedenfalls gut vertretbar, die maschinelle Entscheidung über Leben und Tod (nicht Autonomie in militärischen Systemen schlechthin) als Verletzung der Menschenwürde einzustufen. Hinzuweisen ist in diesem Zusammenhang allerdings auch darauf, dass das Bundesverfassungsgericht – im internationalen Vergleich sicherlich einer der entschiedensten Verfechter der Menschenwürde – in seinem Urteil zum Luftsicherheitsgesetz die Schwelle für eine Verletzung der Menschenwürde in der besonderen Situation des bewaffneten Konflikts implizit vergleichsweise hoch angesetzt hat (kritisch dazu Zimmermann und Geiß 2007).

Zudem fehlt der durch ein autonomes Waffensystem angegriffenen Person grundsätzlich die Möglichkeit, an die Menschlichkeit des Angreifers zu appellieren. Faktoren wie Gnade oder Mitgefühl

---

5 Vgl. dazu die (umstrittenen) Studien von Grossmann (1995) über amerikanische Soldaten im Zweiten Weltkrieg, von denen nur ein vergleichsweise geringer Anteil jemals die Waffe abgefeuert haben soll.

werden aus der Gleichung entfernt. Roboter haben kein Verständnis vom inhärenten Wert menschlichen Lebens. Nicht immer ist das Töten notwendig. Selbst wenn die Systeme so programmiert werden können, dass sie stets nur innerhalb des rechtlich Erlaubten tödliche Gewalt anwenden, besteht die Möglichkeit, dass Menschen sterben, die sonst verschont geblieben wären.

Wenn Kampfroboter zukünftig in Gebieten mit ansässiger Zivilbevölkerung eingesetzt werden sollten, dann muss außerdem darauf hingewiesen werden, dass dies die Möglichkeit der Menschen beeinträchtigen könnte, würdevoll zu leben. UN-Sonderberichterstatter Heyns hat insoweit zu Recht darauf hingewiesen, dass der Einsatz unbemannter, autonom agierender Waffensysteme inmitten von Zivilistinnen und Zivilisten bei diesen allgemeine Beklommenheit, Ängste oder Traumata verursachen könnte (vgl. UN-Dok. A/HRC/23/47 vom 9. April 2013, Rn 98). Die massiven Auswirkungen des fortgesetzten Drohneneinsatzes durch die Vereinigten Staaten sind in dieser Hinsicht inzwischen eingehend untersucht worden, mit beunruhigenden Ergebnissen (vgl. Stanford Law School und NYU School of Law 2012). Ein normaler Alltag ist unter solchen Umständen kaum noch möglich. Dass die Anwesenheit potenziell tödlicher Kampfmaschinen einen ähnlichen Effekt erzielen könnte, erscheint jedenfalls nicht fernliegend.

4 Gibt es eine Pflicht zu nichttödlichem Agieren?

In Anbetracht der vorangegangenen Argumentation schließt sich die Überlegung an, ob daraus nicht die Pflicht folgen könnte, autonome Waffensysteme nur so zu konstruieren beziehungsweise einzusetzen, dass sie keine Menschen töten können – gleich, ob es sich um Zivilistinnen und Zivilisten oder Kombattantinnen und Kombattanten handelt. Wie bereits angemerkt, stellt sich die ganz grundsätzliche Frage, ob die dem gegenwärtigen Recht des bewaffneten Konflikts zugrundeliegenden Prinzipien und Wertentscheidungen auf diese völlig neuartige Waffengattung noch Anwendung finden können.

Die Konfliktpartei, die Roboter einsetzt, agiert ohne Risiko für die eigenen Soldatinnen und Soldaten. Geht man von der Prämisse aus, Tötungen im Krieg seien gerechtfertigt (allein) durch die Gegenseitigkeit des Tötens, dann fällt diese Rechtfertigung letaler Aktionen weg. Es ist allerdings fraglich, wie weit dieses Argument tatsächlich zu tragen vermag. Schließlich zeichnen sich bewaffnete Konflikte schon seit Jahren gerade durch asymmetrische Ausgangssituationen aus, bei denen aufgrund technologischer Überlegenheit oftmals kein akutes, unmittelbares Eigenrisiko für eine Seite besteht. Das gilt nicht nur für Drohneneinsätze im „War on Terror" als Reaktion auf den 11. September. Schon während der (oftmals aus großer Höhe und außerhalb der Reichweite des Gegners geflogenen) Luftangriffe durch die NATO gegen Serbien 1999 begaben sich die Soldatinnen und Soldaten der Alliierten in keine größere Gefahr. Von einer Gegenseitigkeit zu sprechen, wäre schon dort verfehlt gewesen. In der Geschichte der Waffentechnik drehten sich Debatten über die Implikationen neuer Waffengattungen oder durch technologische Entwicklungen ermöglichte neue Methoden der Kriegsführung stets um die Frage, ob eine daraus folgende Risikominimierung ethisch vertretbar sein könne. Das humanitäre Völkerrecht jedenfalls verbietet es ausdrücklich nicht, das Risiko für die eigenen Soldatinnen und Soldaten durch Waffentechnik zu senken (vgl. Münkler 2013). Fairness ist keine relevante Kategorie des humanitären Völkerrechts. In der Tat lässt sich kaum die ethische Pflicht konstruieren, das Leben der Angehörigen der eigenen Streitkräfte in Gefahr zu bringen. Insofern kann das Argument für sich genommen letztlich kaum überzeugen (vgl. UN-Dok. A/HRC/23/47 vom 9. April 2013, Rn 60).

Andererseits könnte erwogen werden, dass es jedenfalls beim ausschließlichen Einsatz unbemannter, autonomer Systeme begrifflich keinen Sinn mehr macht, von „Krieg" zu sprechen (vgl. UN-Dok. A/HRC/23/47 vom 9. April 2013, Rn 60). Folgt man dieser Überlegung, dann könnten zusätzlich zu den humanitärvölkerrechtlichen auch (strengere) menschenrechtliche Regelungsstandards herangezogen werden, um autonome Waffensysteme zu regeln. Dieser Gedanke trifft innerhalb der Staatenwelt zum Teil allerdings auch auf deutliche Kritik. Insbesondere die USA und das Vereinigte Königreich haben unlängst, anlässlich eines informellen Expertentreffens unter der Ägide des Übereinkommens über das Verbot oder die Beschränkung des Einsatzes bestimmter konventioneller Waffen, die übermäßige Leiden verursachen oder unterschiedslos wirken (UN Waffenkonvention) im April 2015, erneut hervorgehoben, dass autonome Waffensysteme als Mittel der Kampfführung ausschließlich nach den Regeln des humanitären Völkerrechts beurteilt werden sollten.[6] Eine entsprechende Diskussion wird bereits im Zusammenhang mit Drohnen und dem „War on Terror" geführt. Wenn das menschenrechtlich gewährleistete Recht auf Leben auf Einsätze von Kampfrobotern uneingeschränkt (das heißt ungeachtet der besonderen Maßgaben des Rechts des bewaffneten Konflikts) anwendbar wäre, dann wäre die Tötung von Menschen nur noch als absolute Ausnahme erlaubt. Das neunte Prinzip der UN-Grundsätze für die Anwendung von Gewalt und Schusswaffen durch Vollzugsbeamte von 1990 verdeutlicht die engen Grenzen.[7] Es besagt, dass Waffengewalt gegen Personen nur dann angewendet werden darf, wenn eine unmittelbare Gefahr für Leib und Leben entweder für die Person der Beamten selbst oder für einen Dritten besteht, oder wenn ein besonders schweres Verbrechen verhindert werden soll, das die Gefährdung von Menschenleben beinhaltet. Selbst dann soll aber nur zur Waffe gegriffen werden dürfen, wenn keine mildere Maßnahme zur Verfügung steht. Absichtlich tödliche Gewalt darf stets nur dann angewandt werden, wenn es absolut kei-

---

6 Die Stellungnahme der USA vom 13. April 2015 ist abrufbar unter http://www.unog.ch/80256EDD006B8954/(httpAssets)/8B33A1CDBE80EC60C1257E2800275E56/$file/2015_LAWS_MX_USA+bis.pdf. Zugegriffen: 27. April 2015. Darin heißt es: „We believe our discussion here in CCW, a forum focused on international humanitarian law, remains the relevant framework for this discussion". Die Stellungnahme des Vereinigten Königreichs vom 13. April findet sich unter: http://www.unog.ch/80256EDD006B8954/(httpAssets)/1CBF996AF7AD10E2C1257E26000318A/$file/2015_LAWS_MX_United+Kingdom.pdf. Zugegriffen: 27. April 2015.

7 http://www.ohchr.org/EN/ProfessionalInterest/Pages/UseOfForceAndFirearms.aspx. Zugegriffen: 15. Februar 2015.

ne Alternative gibt, menschliches Leben zu schützen. Da ein Roboter kein eigenes (schützenswertes) Leben hat, käme dafür also nur die Gefährdung des Lebens einer Dritten oder eines Dritten in Betracht.[8] Außerhalb dieser sehr begrenzten Ausnahmesituationen wäre Gewaltanwendung nur dann verhältnismäßig und rechtmäßig, wenn sie nicht zur Tötung des Gegners führt.

Aber selbst wenn man allein das Regelungssystem des humanitären Völkerrechts für anwendbar hält, könnte möglicherweise die Pflicht hergeleitet werden, Kampfroboter grundsätzlich nur als nichttödliche Systeme einzusetzen. Das Internationale Komitee vom Roten Kreuz hat in einer Studie aus dem Jahr 2009 den Grundsatz hergeleitet, dass auch im bewaffneten Konflikt der Einsatz letaler Gewalt gegen nicht geschützte Personen (zum Beispiel feindliche Kämpferinnen und Kämpfer) Grenzen hat. Mit anderen Worten: Man soll auch im bewaffneten Konflikt nicht gewaltsamer vorgehen dürfen als in der jeweiligen Situation unbedingt militärisch notwendig ist, um das angestrebte legitime militärische Ziel zu erreichen (vgl. Melzer 2009, S. 77 ff.). Danach soll letale Gewalt gegenüber dem militärischen Gegner nur dann zum Einsatz kommen dürfen, wenn keine milderen Mittel (Festnahme) zur Verfügung stehen. Die Studie argumentiert, dass allein aus der Tatsache, dass eine Person humanitärvölkerrechtlich nicht gegen Gewaltanwendung geschützt sei, nicht per se folge, dass sie auch getötet werden dürfe (vgl. Melzer 2009, S. 77 ff.). So plausibel und einleuchtend dieser Vorschlag erscheint, gemessen an dem überkommenen Verständnis des humanitären Völkerrechts war er revolutionär. Er ist nach wie vor heftig umstritten und wurde von den Staaten – soweit ersichtlich – bislang (noch) nicht als rechtsverbindlich akzeptiert (vgl. Parks 2010, S. 769; zur Replik des Autors vgl. Melzer 2010, S. 831). Gleichwohl trifft dieser Ansatz jedenfalls in der Literatur und vereinzelt wohl

---

8 Marco Sassòli (2014, S. 308, 318) leitet aus dem Grundsatz sogar ab, dass Roboter nur dann überhaupt eingesetzt werden dürfen, wenn die Möglichkeit besteht, eine Verhaftung vorzunehmen. Es ist natürlich fraglich, ob stets vor dem Beginn des Einsatzes garantiert werden kann, dass der Einsatz von Waffengewalt nicht notwendig sein wird.

auch in der Praxis auf wachsende Zustimmung und Verbreitung (vgl. Goodman 2013).

Auf der Grundlage dieses Ansatzes könnte man vertreten, für einen (gepanzerten) Kampfroboter, der seinen menschlichen Gegnern im Kampf im Zweifel ohnehin weit überlegen ist, bestehe – jedenfalls in Szenarien, die eine unmittelbare Konfrontation zwischen Mensch und Maschine und die Möglichkeit der Festnahme beinhalten – so gut wie nie eine zwingende Notwendigkeit, tödliche Gewalt anzuwenden, schon weil bei einem Roboter kein eigenes Leben in Gefahr sein kann. Dann aber müsste ein autonomes Waffensystem in derartigen Situationen stets den Versuch unternehmen, den gegnerischen Menschen lediglich kampfunfähig zu setzen oder festzunehmen. Es erscheint durchaus naheliegend, dass Roboter zukünftig in Hochrisikooperationen wie etwa bei Hausdurchsuchungen im Konfliktgebiet zum Einsatz kommen sollen. In solchen Szenarien erscheint eine Beschränkung potenziell letaler Gewalt auf Situationen zwingender Notwendigkeit dringend geboten.

Literatur

Alston, Philip. 2012. Lethal Robotic Technologies: The Implications for Human Rights and International Humanitarian Law. *Journal of Law, Information & Science* 21 (2): 35–60.

Arkin, Ronald C. 2011. Governing Lethal Behavior: Embedding Ethics in a Hybrid Deliberative/Reactive Robot Architecture. Technical Report GITGVU07-11. http://www.cc.gatech.edu/ai/robotlab/online-publications/formalizationv35.pdf. Zugegriffen: 15. Februar 2015.

Asaro, Peter M. 2012. On Banning Autonomous Weapon Systems: Human Rights, Automation, and the Dehumanization of Lethal Decision-Making. *International Review of the Red Cross* 94 (886): 687–709.

Boothby, William H. 2014. *Conflict Law: The Influence of New Weapons Technology*. Den Haag: Asser Press.

Europäisches Parlament. 2014. Entschließung zum Einsatz von bewaffneten Drohnen. http://www.europarl.europa.eu/sides/getDoc.do?pubRef=//EP//TEXT+MOTION+P7RC2014-0201+0+DOC+XML+V0//DE. Zugegriffen: 10. Februar 2015.

Ford, Paul. 2015. Our Fear of Artificial Intelligence. http://www.technologyreview.com/review/534871/ourfearofartificialintelligence/. Zugegriffen: 16. Februar 2015.

Geiß, Robin. 2015. *Die völkerrechtliche Dimension autonomer Waffensysteme*. Berlin: Friedrich-Ebert-Stiftung.

Geneva Academy of International Humanitarian Law and Human Rights. 2014. Autonomous Weapon Systems under International Law. Academy Briefing No. 8. http://www.genevaacademy.ch/academypublications/academybriefings/1190briefingno8autonomousweaponssystemsunderinternationallaw. Zugegriffen: 10. Februar 2015.

Goodman, Ryan. 2013. The Power to Kill or Capture Enemy Combatants. *European Journal of International Law* 24 (3): 819–853.

Grossman, Dave. 1995. *On Killing: The Psychological Cost of Learning to Kill in War and Society*. Boston: Little Brown.

Heyns, Christof. 2016. Comments of the UN Special Rapporteur on Extrajudicial, Summary or Arbitral Executions. Informal Meeting of Experts on Lethal Autonomous Weapons: Conventional Weapons Convention. https://www.unog.ch/80256EDD006B8954/(httpAssets)/1869331AFF45728BC1257E2D0050EFE0/$file/2015_LAWS_MX_Heyns_Transcript.pdf. Zugegriffen: 28. April 2016.

Melzer, Nils. 2009. Interpretive Guidance on the Notion of Direct Participation in Hostilities Under International Humanitarian Law. https://www.icrc.org/eng/assets/files/other/icrc002-0990.pdf. Zugegriffen: 15. Februar 2015.

Melzer, Nils. 2010. Keeping the Balance Be tween Military Necessity and Humanity: A Response to Four Critiques of the ICRC's Interpretive Guidance on the Notion of Direct Participation in Hostilities. *New York University Journal of International Law and Politics* 42 (831): 833–916.

Münkler, Herfried. 2013. Neue Kampfsysteme und die Ethik des Krieges. http://www.boell.de/de/node/277436. Zugegriffen: 11. Februar 2015.

O'Connell, Mary Ellen. 2014. Banning Autonomous Killing: The Legal and Ethical Requirement That Humans Make Near-Time Lethal Decisions. In *The American Way of Bombing. Changing Ethical and Legal Norms, from Flying Fortresses to Drones,* hrsg. von Matthew Evangelista und Henry Shue, 224–299. Ithaca: Cornell University Press.

Parks, W. Hays. 2010. Part IX of the ICRC Direct Participation in Hostilities Study: No Mandate, No Expertise, and Legally Incorrect. *New York University Journal of International Law and Politics* 42 (769): 770–830.

Petersen, Niels. 2012. Human Dignity, International Protection. In *Max Planck Encyclopedia of Public International Law,* hrsg. von Rüdiger Wolfrum, 1–9. Oxford: Oxford University Press.

Sassòli, Marco. 2014. Autonomous Weapons and International Humanitarian Law: Advantages, Open Technical Questions and Legal Issues to be Clarified. *International Law Studies* 90: 308–340.

Scharre, Paul. 2011. Why Unmanned. *Joint Force Quarterly* 61 (2): 89–93.

Schmitt, Michael N. 2013. Autonomous Weapon Systems and International Humanitarian Law: A Reply to the Critics. http://harvardnsj.org/wpcontent/uploads/2013/02/SchmittAutonomousWeaponSystemsandIHLFinal.pdf. Zugegriffen: 15. Februar 2015.

Sharkey, Noel E. 2012. The Evitability of Autonomous Robot Warfare. *International Review of the Red Cross* 94 (886): 787–799.

Stanford Law School and NYU School of Law. 2012. Living Under Drones: Death, Injury, and Trauma to Civilians From US Drone Practices in Pakistan. http://www.livingunderdrones.org/wpcontent/uploads/2013/10/StanfordNYULivingUnderDrones.pdf. Zugegriffen: 15. Februar 2015.

Zimmermann, Andreas und Robin Geiß. 2007. Die Tötung unbeteiligter Zivilisten: Menschenunwürdig im Frieden – menschenwürdig im Krieg? *Der Staat* 46 (3): 377–393.

Unbemannte Kampfsysteme in Händen nichtstaatlicher Gewaltakteure – vom Albtraum zur baldigen Realität?

Niklas Schörnig

1 Hintergrund: Das Aufkommen unbemannter Flugsysteme

Unbemannte Luftfahrzeuge, oft auch als UAVs *(Unmanned Aerial Vehicles)* oder Drohnen bezeichnet, werden inzwischen von vielen Staaten militärisch genutzt. Waren es 2004 nach Aussage des *US General Accountability Office* (GAO 2012, S. 9) 41 Staaten, die militärische Drohnen in ihren Arsenalen hatten, hielten diese 2011 schon 76 Staaten vor. Inzwischen wird davon ausgegangen, dass mehr als 90 Staaten UAVs besitzen (Catalano Ewers et al. 2017, S. 2), von denen wiederum ca. 30 entweder schon über bewaffnete Systeme verfügen oder entsprechende Beschaffungsprogramme gestartet haben (Fuhrmann und Horowitz 2017, S. 397). Tatsächlich eingesetzt wurden sogenannte Kampfdrohnen (auch *Unmanned Combat Aerial Vehicles*, UCAV) bislang von mindestens sieben Staaten: Neben den USA, Israel und Großbritannien setzten auch Pakistan, der Irak, Nigeria und die Türkei diese Waffen tatsächlich ein.

UAVs zeichnen sich – zumindest noch aktuell – dadurch aus, dass ein Mensch die Steuerung zentraler Aufgaben, vor allem den Waffeneinsatz, vornimmt. Obwohl einzelne Funktionen schon heute von Computern übernommen werden können, zum Beispiel Start und Landung, das Trimmen des Fluggeräts oder das Abfliegen von vorgegebenen GPS-Wegpunkten, besteht immer eine konstante Funkverbindung zwischen dem Piloten *(operator)* und dem System. Trotz dieser einzelnen autonomen Funktionen können aktuelle UAVs deshalb auch als *Remotely Piloted Aerial* Systems (RPAS) bezeichnet werden, was noch einmal den Aspekt der Fernsteuerung betont.

Aus rein militärischer Sicht bieten unbemannte Luftfahrzeuge erhebliche Vorteile: Zum einen zeichnen sie sich durch lange „Stehzeiten" aus, sie können also wesentlich länger in der Luft bleiben als bemannte Flugzeuge. Während sich die steuernde Crew im Schichtbetrieb abwechselt, kann das Luftfahrzeug 24 oder gar 48 Stunden am Himmel bleiben und konstant Beobachtungsfilme in *high definition*-Auflösung und Echtzeit liefern. Diese Daten können wiederum mit am Boden befindlichen Einheiten geteilt werden, so dass diese über ein deutlich besseres Lagebild ihrer unmittelbaren Umgebung verfügen. Die langen Stehzeiten können aber auch dazu genutzt werden, Verhaltensmuster auszuspähen und einen aus taktischer Sicht optimalen Zeitpunkt für einen gezielten Angriff zu finden. Der größte militärische Vorteil ist allerdings, dass keine eigenen Soldatinnen oder Soldaten in die Gefahrenzone müssen – ein Aspekt, der besonders von opferaversen Demokratien geschätzt wird (Sauer und Schörnig 2012). Ferngesteuerte Roboter, die zur Entschärfung von Bomben oder improvisierten Sprengsätzen eingesetzt werden, werden aus sicherer Distanz gelenkt und Drohnen lassen sich über hunderte, bei Satellitensteuerung sogar über tausende Kilometer Entfernung fernsteuern. Besonders griffig fasst das inzwischen geflügelte Wort des amerikanischen Militärs die Einsatzgebiete zusammen, für die sich unbemannte Systeme besonders eignen: Immer wenn es „dirty, dull or dangerous" (D^3) sei, wären unbemannte Systeme die erste Wahl (Irvine 2012).

2 Unbemannte Kampfdrohnen – nicht nur für staatliche Akteure interessant

Prinzipiell gelten die Vorteile, die das Militär in unbemannten ferngesteuerten Systemen sieht, auch für nichtstaatliche Akteure, seien dies bewaffnete Gruppen oder auch zivile Privatanwender. Entsprechend muss es nicht verwundern, dass inzwischen auch bewaffnete nichtstaatliche Akteure wie die Hamas, die Hisbollah oder der „Islamische Staat" (ISIS) über Drohnen verfügen und diese zunehmend einsetzen. Seit kurzer Zeit nutzen islamistische Extremisten Drohnen auch in Afrika, konkret in Nigeria (Anna 2018).

Je nachdem, um welche Akteure es sich handelt, entstammen die Drohnen unterschiedlichen Quellen. Wer wie zum Beispiel die Hamas über gute Beziehungen zu staatlichen Akteuren verfügt, hat Zugriff auf relativ leistungsfähige Systeme (Gettinger und Michel 2014). Andere greifen auf den zivilen Markt zurück und führen damit einen Prozess aus, der als eine pervertierte Form der Konversion verstanden werden kann, in dem zivile Drohnen so umgebaut werden, dass sie zu militärischen oder terroristischen Zwecken genutzt werden können. Die Spannbreite der frei erhältlichen Drohnen ist groß, denn der zivile Drohnenmarkt boomt und simple Modelle sind für deutlich unter 100 Euro zu bekommen. Qualitativ höherwertige Modelle liegen unter 1 000 Euro. Auch hier hat sich die Technik in den letzten Jahren rasant entwickelt. War es für die Person an der Fernsteuerung vor einer Dekade noch eine ausgesprochen anspruchsvolle Tätigkeit, einen ferngesteuerten Modellhubschrauber in der Luft zu halten, so übernehmen selbst im Hobbybereich inzwischen Algorithmen spezifische Aufgaben autonom, so zum Beispiel das „Trimmen" in der Horizontalen. Greift der „Pilot" nicht ein, schwebt die Drohne (meist handelt es sich im zivilen Bereich um Quadcopter mit den Flugeigenschaften eines Helikopters) auf der Stelle. Allerdings sind einfache Hobbydrohnen nicht besonders groß und leistungsfähig und verfügen nur über eine sehr begrenzte Flugzeit im unteren zweistelligen Minutenbereich sowie nur über eine sehr begrenze Zuladung. Inzwischen ist aber meistens eine – mehr oder weniger – leistungsstarke Kamera eingebaut, die Filmaufnahmen in Echtzeit an ein Handy oder Tablett streamt. Diese Systeme werden deshalb eher mit Eingriffen in die Privatsphäre (zum Beispiel das Ausspähen eines Gartens hinter einer großen Hecke) denn mit sicherheitspolitischen Gefahren in Verbindung gebracht. Allerdings werden solche Drohnen von verschiedensten paramilitärischen Akteuren zur Aufklärung und Überwachung genutzt. Das Fachmagazin *DefenseNews* zitiert David Knoll, Wissenschaftler am Center for Naval Analysis, mit den Worten „they [der ISIS] can see into our bases, they know where the key headquarters are" (Pomerleu 2017). Auch wenn anzunehmen ist, dass amerikanische Truppen über die besten Abwehrmaßnahmen gegen UAVs verfügen und es wahrscheinlich doch nicht ganz so leicht ist, amerikanische Lager auszuspähen, bleibt das Grundszenario, dass nichtstaatliche Akteure inzwischen über bis dato nicht denkbare Aufklärungskapazitäten in Echtzeit verfügen, bestehen. Und dass die Beobachtung entdeckt wird, ist eher unwahrscheinlich. Kommerzielle Modelle können in mehreren hundert Metern Höhe operieren und bleiben dann visuell und akustisch praktisch nicht wahrnehmbar, zumindest wenn nicht aktiv nach ihnen Ausschau gehalten wird und ein Grundgeräuschpegel herrscht. Eine weitere Nutzungsvariante besteht schließlich darin, solche Drohnen für Propagandazwecke zu nutzen: Es gibt Hinweise im Internet, dass ISIS Selbstmordanschläge mit Drohnen filmt, um damit Propaganda in eigener Sache zu betreiben.[1] So wie manche Drohnen mit Sendern dazu gebracht werden können, einem Sportler oder einer Sportlerin zu folgen, um möglichst spektakuläre Aufnahmen zu machen, können sie auch einem Selbstmordattentäter folgen und Live-Bilder des Anschlags in Echtzeit ins Netz streamen. Bewaffnen lassen sich die relativ simplen Modelle in der Regel aber nicht. Anders sieht es hingegen bei leistungsfähigeren Modellen aus, die so ausgelegt sind, dass sie

---

[1] Die australische Firma DroneShield, deren Geschäftsfeld die Drohnenabwehr ist, hat zum Beispiel einen Film online gestellt, der einen ISIS-Anschlag zeigen soll. https://www.droneshield.com/isis-drone-films-suicide-bomber-attack/. Zugegriffen: 10. Mai 2018.

höhere Lasten, zum Beispiel eine Filmkamera, tragen können. Die chinesische Firma DJI, einer der weltweit führenden Drohnenhersteller im zivilen Bereich, vertreibt beispielsweise das Modell Matrice 100, das mit ca. 3 500 Euro zwar deutlich über den Preisen im reinen Hobbysegment liegt, aber erschwinglich ist. Dafür bietet das System eine Plattform, auf die eine Zuladung von etwa einem Kilogramm erfolgen kann. Die Schwebezeit beträgt je nach Zuladung und Batterie zwischen 13 und 28 Minuten (vgl. Westphal 2015). DJI bewirbt diese Drohnen als „Quadcopter für Entwickler".[2] Es muss deshalb nicht verwundern, dass diese Baukasten-Drohne bei den Drohnenbastlern des ISIS besonders beliebt ist. Dort wurde das System so modifiziert, dass an ihm eine Kamera und zwei Granaten befestigt und über die Fernsteuerung ausgeklinkt werden können. Die Granaten werden durch angeklebte Federball-Federn im freien Fall stabilisiert, während die Kamera, die direkt zum Boden schaut, ein einfaches Zielen ermöglicht. Entsprechend ist mit der Plattform eine sehr präzise Bombardierung leicht geschützter Kräfte am Boden möglich. Nach amerikanischen Quellen haben sich diese zu Mini-Bombern umfunktionierten Drohnen nicht nur zu einer ernstzunehmenden Gefahr entwickelt, sondern auch für sehr starken psychischen Stress bei den betroffenen Truppen gesorgt (vgl. Gibbons-Neff 2017). Auch ist es während der Annäherung oftmals nur schwer möglich, eigene, „freundlich" gesonnene Systeme von feindlichen zu unterscheiden. Denkbar ist es natürlich auch, Drohnen mit einem Kilo Sprengstoff zu beladen und in eine robotische Selbstmordmission zu schicken. Wird der Sprengstoff mit Metallteilen wie Nägeln etc. durchsetzt, wird die zerstörerische Wirkung, vor allem gegen menschliche Ziele, noch einmal deutlich erhöht.

Insgesamt gesehen ermöglichen kommerziell erhältliche Drohnen nichtstaatlichen Gewaltakteuren eine erhebliche Steigerung ihrer militärischen Fähigkeiten, besonders im Bereich der Aufklärung und der Angriffe gegen kleinere schwach geschützte Ziele aus der Distanz. Sie ermöglichen damit modernere und vor allem

---

2 https://www.dji.com/de/matrice100. Zugegriffen: 10. Mai 2018.

schnellere Formen des Guerilla-Angriffs. Dies gilt vor allem in Territorien, wo die Möglichkeiten zur Abwehr begrenzt sind, zum Beispiel in einem asymmetrischen Konflikt. Anders sieht die Lage in technologisch sehr fortgeschrittenen Ländern aus. Hier wurde, wie unten noch diskutiert wird, die Gefahr durch unbemannte Systeme in Händen nichtstaatlicher Gewaltakteure intensiv angegangen. Allerdings ist aktuell noch nicht absehbar, ob das Engagement auch erfolgreich ist. Schließlich könnten ferngesteuerte Waffensysteme angesichts immer engerer Personenkontrollen, zum Beispiel vor Großereignissen wie Fußballspielen oder Konzerten, auch für Terroristen in westlichen Staaten zunehmend attraktiv werden.

3 Drohnen als zukünftige Terrorwaffe?

Umfunktionierte zivile Drohnen scheinen eine Terrorwaffe par excellence zu sein. Aber wie in vielen anderen Bereichen auch stellt sich die Frage, warum Attentäter bestimmte Technologien noch nicht in dem Umfang genutzt haben, wie es *worst case*-Szenarien nahelegen. Dies gilt beispielsweise für portable Flugabwehrraketen (MANPADS)[3] oder den Bereich möglicher Cyber-Bedrohungen. Wieso sind also noch keine Attentatsversuche mit Drohnen in Europa oder den USA erfolgt beziehungsweise bekannt geworden. Denn auch für sie gilt, dass ein größerer Abstand zum Anschlagsort die Chancen vermindert, schnell identifiziert und gefasst zu werden. Die Attentäter des Boston Marathon 2013 waren noch selbst physisch vor Ort präsent, dann auf der Flucht und konnten nicht zuletzt über die vielen privaten Videos, die am Zieleinlauf aufgenommen wurden, identifiziert werden. Auf der anderen Seite wurde schon 1989 die Sprengladung, die in Bad Homburg den Bankier Alfred Herrhausen tötete, mittels einer Lichtschranke ausgelöst[4] und

---

3 Diesen Hinweis verdanke ich meiner Kollegin Simone Wisotzki.
4 http://www.spiegel.de/politik/deutschland/herrhausen-mord-neue-theorie-ueber-die-herkunft-der-bombe-a-1005698.html. Zugegriffen: 11. Dezember 2018

ermöglichte so den Attentätern die unerkannte Flucht. Im Bundestagswahlkampf 2013 hatte schließlich die Piratenpartei für Schlagzeilen gesorgt, als sie bei einer CDU-Veranstaltung einen kleinen Quadcopter vor das Podium steuerte, auf dem auch Bundeskanzlerin Angela Merkel und der damalige Verteidigungsminister Thomas de Maizière standen.[5] Die Personenschützer wussten damals zunächst nicht, wie sie mit der Situation umgehen sollten. Die Aktion war zwar als Protest gegen Drohnenbeobachtung gedacht, hätte aber auch als Blaupause für zukünftige Anschläge verstanden werden können.

Die einfachste Antwort dürfte sein, dass es sich technisch doch meist als schwieriger erweist, konkrete Bedrohungsszenarien umzusetzen. Schon die Anschläge der IRA in Irland in den 1970er und 1980er Jahren zeigten, dass es spezifisch ausgebildeter Individuen bedurfte, um technisch komplexere Angriffe mit improvisierten Sprengfallen durchzuführen (vgl. Asal et al. 2013). Gerade bei aktuellen extremistischen Attentäter und Attentäterinnen, die im Ausland geschult wurden, ist denkbar, dass sie zunächst auf die Mittel zurückgreifen, die ihre Ausbilder und Ausbilderinnen auf der Basis ihrer Erfahrungen in Konfliktgebieten selbst als besonders erfolgreich wahrgenommen haben. Da der Einsatz von bewaffneten Drohnen ein jüngeres Phänomen darstellt, könnte es gegebenenfalls nur eine Frage der Zeit sein, ehe die Terrorausbildung auch solche Angriffsvarianten aufnimmt.[6]

Im Fall unbemannter Systeme kommen drei weitere mögliche Faktoren hinzu: *Erstens* wird der Einsatz westlicher Drohnen in Ländern wie Afghanistan, Pakistan, Somalia oder dem Jemen von der örtlichen Bevölkerung als eine „feige" Form der Kriegsführung wahrgenommen (vgl. Goldstein 2015), weshalb eine simple Imitation für einige Attentäter möglicherweise ausscheidet. Im Gegensatz zu den Attentätern und Attentäterinnen der RAF, speziell der

---

5 http://www.spiegel.de/politik/deutschland/piratenpartei-hat-in-dresden-eine-drohne-zu-angela-merkel-geschickt-a-922415.html. Zugegriffen: 11. Mai 2018.
6 Ich danke meinem Kollegen Francis O'Connor für diesen Gedanken.

späteren Generation, wollen einige radikalisierte Attentäter, *zweitens*, eher mit ihren Taten assoziiert und mit ihrem persönlichen Einsatz verbunden werden. Die Bereitschaft zur eigenen Aufopferung könnte entsprechend höher und der Anreiz, mittels unbemannter Systeme unerkannt zu entkommen, geringer ausgeprägt sein. *Drittens* könnte sich das Zeitfenster für relativ simple Drohnenangriffe durch nichtstaatliche Gewaltakteure inzwischen wieder geschlossen haben, weil die doch erhebliche Aufrüstung im Bereich der Abwehr sowie die Unsicherheit über die Wirksamkeit dieser Abwehrmaßnahmen zu einer Abschreckung geführt haben. Da trotz eines gewissen technischen Aufwands ein Erfolg nicht sicher ist, richtet sich der Blick möglicherweise wieder auf „simplere" Methoden, wie zum Beispiel ein Auto in eine ungeschützte Menschenmenge zu steuern. Ebenfalls ist denkbar, dass auf Seiten möglicher Attentäter und Attentäterinnen die Befürchtung besteht, über Internetkäufe von besonders geeigneten Drohnentypen ins Visier der Fahnder zu geraten. Zwar gibt es keine (bekannte) vergleichbare Regelung wie bei Chemikalien oder anderer gefährlicher Stoffe, bei denen Baumärkte, Apotheken oder auch Versandhändler zur Meldung von auffälligen Käufen verpflichtet sind. Es ist aber zumindest vorstellbar, dass mögliche Straftäter und -täterinnen eine Überwachung durch in- und ausländische Nachrichtendienste unterstellen.

Hinsichtlich der Drohnenabwehr gilt es, noch einmal genauer hinzuschauen. Im Schatten der boomenden Drohnenindustrie hat sich mit gewisser Zeitverzögerung nun eine ebenfalls sehr dynamisch entwickelnde Anti-Drohnen-Industrie herausgebildet, die mit sehr unterschiedlichen Konzepten versucht, Schutz vor Drohnen anzubieten. Selbst unter dem im Rahmen der Ständigen Strukturierten Zusammenarbeit der EU (PESCO) aufgelegten Kooperationsprogrammen in der Sicherheitspolitik findet sich ein *Counter Unmanned Aerial System*-Projekt, dass Partner in Italien und der Tschechischen Republik durchführen.[7]

---

7 https://www.consilium.europa.eu/media/37028/table-pesco-projects.pdf. Zugegriffen: 10. Januar 2019

Der einfachste Ansatz, einer möglichen Gefahr durch Kleindrohnen zu begegnen, ist das grundlegende Verbot bestimmter Bereiche. Diese „no drone zones", in denen jede Drohnennutzung verboten und als potenzielle Gefahr eingeschätzt wird, nehmen zu. Dies signalisiert zumindest, dass die jeweiligen Behörden das Problem einer Gefahr durch Drohnen erkannt haben; das mag potenzielle Einzeltäter abschrecken. Schwieriger wird die Identifikation aber in einem Umfeld, in dem Drohnen auch zulässigerweise eingesetzt werden, um beispielsweise von einer Veranstaltung Fernsehaufnahmen aus ungewohnter Perspektive zu machen. Hier muss dann in relativ kurzer Zeit geklärt werden, ob eine Bedrohung vorliegt oder nicht. Angesichts der Schätzung der Deutschen Flugsicherung, dass alleine in Deutschland bis 2020 mehr als eine Million Drohnen durch private Akteure angeschafft sein werden, eine nicht immer einfache Aufgabe (vgl. Hoffmann 2018). In den USA wurde 2015 ein Gesetzesentwurf diskutiert, der vorsah, dass Hobby-Drohnen über ein sogenanntes *Geofencing* verfügen müssen. Damit dürfen sie nicht in den Luftraum von vorher festgelegten Sperrbezirken (Flughäfen, militärische Einrichtungen, Weißes Haus, Capitol etc.) einfliegen. Bei einem versuchten Anflug würden sie konstant an Höhe verlieren und noch vor dem Sperrgebiet zu Boden gehen. Auch wenn *Geofencing* von Drohnen noch nicht zwingend vorgeschrieben ist, haben große Hersteller wie DJI diese Technologie bereits in ihre Drohnen implementiert. Allerdings müssen die Informationen in der Drohne regelmäßig aktualisiert werden. Mobile Ziele sind entsprechend nicht erfasst. So gelang es zum Beispiel einem Hobby-Drohnenpiloten, seine Drohne auf dem brandneuen Flugzeugträger der *Royal Navy,* der „Queen Elisabeth", zu landen, als dieses Schiff in einem schottischen Hafen ankerte.[8] Auch gibt es inzwischen Berichte, dass es Bastlern gelungen sei, das *Geofencing* zu überwinden. In Deutschland regelt schließlich die seit Oktober 2017 in Kraft getretene Drohnen-Verordnung den Betrieb von Drohnen durch Privatpersonen. Das reicht – je nach Abfluggewicht der Drohne – von

---

8 http://www.bbc.com/news/uk-scotland-highlands-islands-40910087. Zugegriffen: 10. Mai 2018.

einer Kennzeichnungspflicht (ein feuerfestes „Nummernschild" mit Namen und Adresse des Piloten oder der Pilotin) über einen Flugkundenachweis bis hin zu einer notwendigen Aufstiegserlaubnis. Der Einsatz von Drohnen mit mehr als 25 Kilogramm Abfluggewicht ist grundsätzlich verboten, ebenso das Überfliegen von Menschenmengen, Privatgrundstücken, Unglücksstellen oder das Aufsteigen über eine Höhe von 100 Metern (vgl. Westphal 2017). Mit diesen Maßnahmen lässt sich ein Missbrauch nicht begegnen; sie dienen einzig und allein der Erhöhung der Sicherheit des Luftraums im Normalbetrieb.

Ein simples Verbot verhindert aber nicht, dass es durch entschlossene Akteure übergangen wird. Es müssen also noch weitere technische Aspekte hinzukommen. Der Ansatz, in einem bestimmten Gebiet die Funkfrequenzen zu blockieren, die zur Steuerung einer Drohne genutzt werden könnten, ist zwar naheliegend, aber nicht frei von Problemen, da auch andere Funkübertragungen wie beispielsweise der Handyempfang in Mitleidenschaft gezogen werden können. Auch ist denkbar, dass ein kollektives Abschalten aller Mobilphone in einem bestimmten Bereich oder bei einer Großveranstaltung (wie Fußballspielen) das Sicherheitsgefühl der Anwesenden nicht verbessert, wenn nicht gar senkt. Moderne Abwehrsysteme können laut Herstellerangaben „Drohnensteuersignale frühzeitig erkennen, peilen und gegebenenfalls den Einsatz der Drohne unterbinden" und ermöglichen so eine gezieltere Abwehr.[9] Neben dem rein passiven Auslösen eines Alarms könnten nach der Erkennung auch „weiche" und „harte" aktive Maßnahmen eingesetzt werden.[10] Weiche Maßnahmen wie beispielsweise das gezielte Stören des Steuersignals sind nicht ohne Risiko, da die Gefahr eines unkontrollierten Absturzes besteht. „Harte" Abwehrmechanismen setzen stärker auf physische Gewalt und versuchen,

---

9 https://www.rohde-schwarz.com/de/unternehmen/news-und-presse/details/newsarchiv/news-detailseiten/drohnenabwehr-guardion-bei-g20-gipfel-im-einsatz-news-detailseite_229349-466176.html. Zugegriffen: 8. Dezember 2018.
10 https://www.fraunhofer.de/de/forschung/aktuelles-aus-der-forschung/drohnenabwehr-technologien.html. Zugegriffen: 8. Mai 2018.

die Drohne in der Luft mit Netzen einzufangen, mit Klebern flugunfähig zu machen oder schlicht abzuschießen. Während diese Varianten beim Schutz eines Feldlagers durchaus sinnvoll sein können, ist der physische Abschuss einer Drohne innerhalb belebter Städte, zum Beispiel über einem Weihnachtsmarkt, nicht ungefährlich. Der Versuch, Greifvögel auf Drohnen abzurichten, so dass sie diese in der Luft abfangen, mag bei einzelnen Drohnen funktioniert haben, allerdings scheint es alleine schon von der Anzahl der benötigten Tiere problematisch, solch eine Abwehr flächendeckend und konstant aufrechtzuerhalten. Insgesamt stehen also durchaus Abwehrmechanismen gegen terroristische Drohnenangriffe zur Verfügung, allerdings ist ein flächendeckender Einsatz illusorisch. Während potenziell „hochwertige" Ziele (wie ein prominentes Fußballspiel mit Live-Übertragung oder eine öffentliche Veranstaltung hochrangiger Politiker und Politikerinnen) punktuell durchaus geschützt werden können, kann die Sicherung in der Breite nicht garantiert werden. Hier könnte unter Umständen eine „strategische Unsicherheit" dahingehend greifen, verfügbare Abwehrsysteme ohne Muster rotieren zu lassen, um so zumindest die Möglichkeit zu kommunizieren, einen potenziellen Anschlag abgefangen zu können.

Dass ein Schutz selbst bei ausgesprochen wichtigen Zielen nicht garantiert werden kann, zeigte sich im Dezember 2018. Mehrfach wurde gemeldet, dass über dem Rollfeld des Flughafens Gatwick, nahe London, Drohnen gesichtet worden seien.[11] Da eine Kollision eines startenden oder landenden Passagierflugzeugs mit einer kleinen zivilen Drohne für das Passagierflugzeug eine erhebliche Gefahr darstellt, wurde der Flugverkehr über zwei Tage immer wieder unterbrochen – mit erheblichen Folgen für den vorweihnachtlichen Flugverkehr. Offensichtlich bedurfte es noch nicht einmal einer bewaffneten Drohne, um für erhebliche ökonomische Schäden zu sorgen. Dabei ist es nicht gelungen, den Täter oder die Täterin zu iden-

---

11 Es ist interessant, dass es anscheinend keine Videos oder Fotos von den berichteten Drohnenüberflügen gibt. https://www.theguardian.com/uk-news/2018/dec/23/gatwick-drone-chaos-arrested-couple-released-without-charge. Zugegriffen: 29. Dezember 2018.

tifizieren. Ein verdächtiges Paar wurde nach kurzer Zeit wieder auf freien Fuß gesetzt. Zumindest Flughäfen scheinen in der Folge nun hohe Summen in die Drohnenabwehr zu investieren.[12]

4 Drohnen als Trägersystem von Massenvernichtungswaffen

Ein weiterer Aspekt, der diskutiert werden kann, wenn es um die mögliche Nutzung unbemannter Flugsysteme durch nichtstaatliche Gewaltakteure geht, ist die Gefahr, Drohnen als Trägersysteme für die Ausbringung radiologischer, biologischer oder chemischer Kampfstoffe zu nutzen. Gerade bei diesen Waffen hängt die Wirkung erheblich von der Art der Ausbringung ab. Interessanterweise kam der Grundgedanke, man könne Drohnen als Trägersysteme für Massenvernichtungswaffen nutzen, schon den Gründern des *Missile Technology Control Regimes* (MTCR) im Jahr 1987, weshalb sie Drohnen oberhalb bestimmter Leistungsparameter explizit in einem Regime aufnahmen, das eigentlich die Proliferation von Raketentechnologien verhindern sollte (vgl. Schörnig 2017). Die Logik dahinter war schlicht, dass es sinnvoll sei, neben den eigentlichen Waffen eben auch die Trägersysteme zu beschränken, um es *staatlichen* Akteuren an *zwei* Stellen zu erschweren, die Fähigkeit zum Einsatz von Massenvernichtungswaffen über weite Strecken zu erlangen. Dass es prinzipiell möglich ist, chemische Schadstoffe mittels Drohnen auszubringen, sollte angesichts der Tatsache, dass zum Beispiel in den USA spezielle Drohnen für den Agrarflug zur Ausbringung von Pestiziden bereits entwickelt wurden, nicht überraschen.[13] Allerdings ist die Frage, ob das MTCR-Regime nichtstaatliche Gewaltakteure an der Beschaffung von Drohnen hindert, mit „vermutlich nicht" zu beantworten. Erstens bleibt die Entscheidung, an wen die zu kontrollierende Technologie exportiert werden darf, beim MTCR

---

12 https://www.theguardian.com/world/2019/jan/03/heathrow-and-gatwick-millions-anti-drone-technology. Zugegriffen 15. Januar 2019.
13 http://www.uavcropdustersprayers.com/. Zugegriffen 16. Mai 2018.

als politisch verbindlichem Regime bei den Staaten selbst. Zweitens sind nicht alle Staaten, die signifikante Drohnenprojekte haben, Mitglieder des Regimes. Und, drittens, zielt das Regime auf staatliche Akteure, die ihre Technologie natürlich auch an nichtstaatliche Akteure weitergeben können. Da es über das MTCR hinaus bisher keine Rüstungskontroll-Regime für Drohnen gibt, bleibt die Frage, ob man nichtstaatliche Gewaltakteure zur Teilnahme in ein solches Regime bewegen könnte. Angesichts der technologischen Fortschritte in der Drohnentechnologie ist die Frage bei nichtstaatlichen Akteuren allerdings weniger der mögliche Zugriff auf die Trägertechnologie als vielmehr der auf die radiologischen, biologischen oder chemischen Kampfstoffe. Auch wenn nicht jede Hobbydrohne über die Tragkraft verfügt, einen Kampfstoff und eine entsprechende Dispersionseinheit zu transportieren, und dieses Szenario eher für kommerzielle Drohnen aus dem industriellen Sektor relevant ist, steht die Möglichkeit eines solchen Angriffs sicher im Raum. Inwieweit dann aber die beschriebenen kinetischen Abwehrmaßnahmen noch geeignet sind – da diese die Drohne oft physisch zerstören und so zu einem zumindest lokalen Austritt des Kampfstoffes beitragen würden –, wird zukünftig zu diskutieren sein.

5 Autonome Terrorwaffen

Bei all den bislang diskutierten Systemen hatte am Ende ein Mensch die Steuerung der Drohne und die Entscheidung über den Waffeneinsatz in der Hand. Dies würde sich ändern, wenn auch nichtstaatliche Gewaltakteure autonome Waffensysteme nutzen würden. Trotz einer seit 2014 andauernden internationalen Diskussion im Rahmen der UN-Waffenkonvention CCW *(Convention on Certain Conventional Weapons)*, die zunächst im Rahmen inoffizieller Konsultationen, seit 2017 aber als offizielle *Group of Governmental Experts* geführt wird, herrscht immer noch keine internationale Einigkeit, was unter einem autonomen Waffensystem zu verstehen ist. In einer Annäherung kann aber eine Definition des Pentagon vom November 2012 herangezogen werden. In der Direktive 3000.09 heißt es auf Seite 13, ein autonomes Waffensystem sei „[a] weapon system that [...] can select and engage targets without further intervention by a human operator", das heißt ein System, das die Zielerkennung und -auswahl mit der Entscheidung, das Ziel zu bekämpfen, zusammenführt und auf einen Menschen, der die Zielentscheidung aktiv bestätigen muss, verzichtet.[14] Grundlage wären hierbei computerbasierte Algorithmen und künstliche Intelligenz. Ein solches System wäre zum Beispiel gegeben, wenn eine Drohne die Bilder der Gesichter von Zielpersonen einprogrammiert bekäme und sie dann bei Erkennung dieser Personen über einem Zielgebiet auf Basis künstlicher Intelligenz sofort das Feuer eröffnete. Kritiker argumentieren, dass diese Waffen notwendigerweise gegen das Völkerrecht verstoßen würden, weil sie zentrale Prinzipien des humanitären Völkerrechts wie das Unterscheidungsgebot oder das Proportionalitätsgebot nicht umsetzen könnten (vgl. Heinrich Böll Stiftung 2018). Entsprechend seien sie auch ethisch abzulehnen.[15] Allerdings ist die Einhaltung beziehungsweise Nichteinhaltung des humanitären Völkerrechts genau einer der zentralen Aspekte, der staatliche Militärs von nichtstaatlichen Gewaltakteuren, zum Beispiel in den sogenannten kleinen Kriegen, unterscheidet (vgl. Daase 1999). Dies gilt noch einmal verstärkt für Terroristen, die oft ganz bewusst Zivilisten in Visier nehmen. Hier sind also Mechanismen denkbar, die zu einer Ablehnung dieser Waffen durch Staaten führen, gleichzeitig aber ihre Attraktivität für nichtstaatliche Gewaltakteure erhöht – analog zu anderen Massenvernichtungswaffen wie Bio- oder Chemiewaffen. In dem Video „Slaughterbots"[16], das die *Campaign to Stop Killer Robots* verbreitet hat, haben Staaten miniaturisierte Killerdrohnen entwickelt, die dann von Terroristen oder Geheimdiensten – hier bleibt das Video unklar – ausgesetzt werden. Sie suchen sich als Ziel junge Studierende in Hörsälen; dabei werden bewusst

---

14 https://fas.org/irp/doddir/dod/d3000_09.pdf. Zugegriffen 10. Mai 2018.
15 Für eine differenzierte Diskussion der ethischen Bewertung autonomer Waffen vgl. den Beitrag von Bernhard Koch in diesem Beitrag sowie Koch und Schörnig (2017).
16 https://www.youtube.com/watch?v=TlO2gcs1YvM. Zugegriffen 11. Mai 2018.

nur diejenigen angegriffen, die sich politisch für Menschenrechte engagierten. Auch wenn das Video als übertrieben kritisiert wurde (vgl. Scharre 2017), ist die vorgestellte technische Möglichkeit zumindest nicht auszuschließen. Terroristen könnte eine solch krude, für Staaten aber zu unsichere und fehleranfällige Technologie bereits ausreichen, wenn sie erfolgreich Anschläge durchführen wollen. Das heißt: Für Terroristen reichen schon deutlich niedrigere Stufen künstlicher Intelligenz und eine deutlich höhere Fehlertoleranz aus, um autonome Waffen in ihrem Sinn einzusetzen. Dies hat auch Auswirkungen auf die Abwehrszenarien: Ein Argument, das Befürworter autonomer militärischer Waffen immer wieder gegenüber ferngesteuerten Systemen in Anschlag bringen, ist, dass diese Waffen immun gegen die Störung des Steuerfunkes seien. Während ferngesteuerte Systeme bei einer Störung des Funkverkehrs umdrehen müssen, könnten autonome Waffen ihre Mission fortsetzen und würden so das Missionsziel nicht gefährden. Das bedeutet aber eben auch, dass autonome Drohnen nicht nur selbstständig ihr Ziel aus größerer Entfernung finden könnten, sondern auch, dass sie mit einem Timer versehen werden könnten und sich erst Wochen, nachdem sie von Terroristen an den entsprechenden Stellen versteckt worden sind, aktivieren. Schließlich sind diese Systeme nicht sonderlich teuer. So dürfte es keine Probleme bereiten, sie von verschiedenen Seiten koordiniert auf das gewünschte Ziel anfliegen zu lassen, um so eine physisch-kinetische Abwehr zu überwinden. Es ist wichtig noch einmal zu betonen, dass solche terroristischen Angriffe über keine Systeme verfügen müssen, die sich durch eine besonders ausgefeilte künstliche Intelligenz auszeichnen. Auch der Einsatz einer größeren Menge relativ einfacher Systeme gegen eine größere Menschenmenge könnte aus terroristischer Sicht schon den gewünschten Effekt erzielen.

6 Unbemannte Systeme in Händen nichtstaatlicher Gewaltakteure – was tun?

Zusammenfassend lässt sich feststellen, dass unbemannte Systeme, seien sie ferngesteuert oder in Teilbereichen autonom, nichtstaatlichen Gewaltakteuren mindestens die gleichen Vorteile bieten, die sie auch für staatliche Akteure attraktiv machen. In dieser Hinsicht hat eine „Demokratisierung" der Drohne als Waffe längst stattgefunden. Da staatliche Akteure aber an völkerrechtliche Vorgaben gebunden sind (Diskriminierung, Proportionalität), deren technische Umsetzung alles andere als trivial ist, diese Vorgaben von nichtstaatlichen Akteuren hingegen ignoriert werden können, würden für Aufständische, Guerillas und Terroristen oft deutlich simplere Systeme als beim Militär ausreichen, um Schaden anzurichten.

Dies wirft abschließend zwei Fragen auf: Welchen Einfluss hätten – erstens – Attentate mit Drohnen auf westliche Gesellschaften? – Diesbezüglich zeigen Studien, dass (staatliche) Drohnenangriffe in Gebieten, in denen Drohnen in großem Umfang gegen nichtstaatliche Akteure zu gezielten Tötungen eingesetzt werden (zum Beispiel in Pakistan), eine stark negative psychologische Wirkung auf die Zivilbevölkerung haben (vgl. Amnesty International 2013). Ein Teil dieses Effektes speist sich allerdings aus der Tatsache, dass es im Zuge der amerikanischen Drohnenangriffe immer wieder zu zivilen Opfern und Fehlangriffen gekommen ist und sich die unterstellte beziehungsweise behauptete Präzision und Diskriminierung erst seit kürzerer Zeit einzustellen scheint.[17] Dieser Aspekt einer kontinuierlich wahrgenommenen Bedrohung würde bei der Nutzung von Drohnen als Terrorwaffe zunächst keine Rolle spielen. Weiterhin ist es ein Kennzeichen von (militärischen) Drohnenangriffen, dass sie im Wortsinn aus heiterem Himmel und ohne

---

17 Zumindest scheinen die Daten von Nichtregierungsorganisationen und Forschungseinrichtungen wie zum Beispiel der *New America Foundation* darauf hinzudeuten, dass der Anteil ziviler Opfer im amerikanischen Drohnenkrieg seit einigen Jahren am Sinken ist (vgl. https://www.newamerica.org/in-depth/world-of-drones/. Zugegriffen 18. Februar 2019).

jede Vorwarnung erfolgen. Dies gilt aber für fast jede Form terroristischer Angriffe und ist zumindest kein scharfes Unterscheidungskriterium. Drohnenangriffe unterscheiden, sich – zumindest für zivile Bevölkerungen westlicher Staaten – dadurch, dass sie aus einer neuen Richtung, nämlich aus der Luft, erfolgen würden. Im Gegensatz zu Konfliktgebieten sind Menschen in westlichen Industriegesellschaften nur sehr wenigen Bedrohungen „von oben" ausgesetzt. Während Poller und LKW-Sperren zum Beispiel an Zugängen zu Weihnachtsmärkten Sicherheit zumindest suggerieren, sind Abwehrmechanismen gegen Drohnen unsichtbar und physisch nicht greifbar. Ein erfolgreicher Angriff mit einer bewaffneten Drohne auf ein ziviles Ziel könnte also zu erheblicher Einschränkung des subjektiven Sicherheitsgefühls führen, speziell wenn die im Gegensatz zu Betonblöcken deutlich teureren Abwehrsysteme nicht flächendeckend bereitstehen können.

Das führt zu der zweiten offenen Frage: Ob und wie können diese terroristischen Gefahren effektiv bekämpft werden? Diese wird Sicherheitsbehörden weltweit in den nächsten Jahren vor große Herausforderungen stellen. Hier gibt es keine leichten Antworten. Das oben zitierte Beispiel Gatwick zeigt, wie schwer die Abwehr von Drohen praktisch ist. Gleichzeitig ist das Problem durch diesen vergleichsweise harmlosen Zwischenfall noch einmal stärker in das Sichtfeld der Behörden gerückt und hat die Aufmerksamkeit geschärft. Gleichwohl gilt es, aufgrund *möglicher* Szenarien nicht in Panik zu verfallen und völlig unverhältnismäßig zu reagieren.

Ein nachrichtendienstlicher Ansatz, der zum Beispiel Käufer von Drohnen in eine Rasterfahndung mit anderen Gefährdungsmerkmalen verbindet (wie dem Einkauf bestimmter Chemikalien oder anderer potenziell gefährlicher Substanzen), würde sehr umfangreiche Datenanalysen erfordern, die aus Sicht des Datenschutzes vermutlich nicht vertretbar wären. Ein geeigneter Ansatz könnte sein, zumindest den Erwerb leistungsfähiger ziviler Drohnen stärker zu reglementieren und mit einem Hintergrundcheck zu versehen, um so zumindest die schnelle Verfügbarkeit zu beschränken. Das würde zwar eine illegale Beschaffung nicht verhindern, würde aber Impulstätern Steine in den Weg legen. Letztlich ist es auch nicht auszuschließen, dass die oben beschriebenen Szenarien doch schwieriger umzusetzen sind und Terroristen deshalb auf absehbare Zeit noch auf „konventionellere" Mittel wie einen mit Sprengstoff bestückten Rucksack, ein Sturmgewehr oder gar nur ein Auto beziehungsweise einen Lastwagen zurückgreifen. Angesichts der grundlegenden Probleme, mit denen sich eine effektive Drohnenabwehr konfrontiert sieht, erscheint es aber grundsätzlich sinnvoll, eher an den Motivationen möglicher Gewalttäter anzusetzen und durch entsprechende Programme eine Radikalisierung zu verhindern.

Auf der transnationalen Ebene wird zusätzlich diskutiert, ob und wenn ja wie es gelingen kann, nichtstaatliche Akteure, die einen höheren Organisationsgrad aufweisen, zur Einhaltung zwischenstaatlicher Normen wie des humanitären Völkerrechts (vgl. Herr 2013) oder der Chemiewaffenkonvention zu bringen, oder welche Optionen die relevanten zwischenstaatlichen Regime haben, auf die Bedrohung durch nichtstaatliche Akteure zu reagieren.[18] Dass zumindest stark organisierte nichtstaatliche Gewaltakteure, die an internationaler Anerkennung interessiert sind, völkerrechtlich gesetzten Normen Bedeutung bemessen, ist wahrscheinlich.

Die Vergangenheit hat gezeigt, dass die Hauptlieferanten potenter Drohnensysteme an Organisationen wie zum Beispiel die Hamas auf staatlicher Ebene zu suchen sind und Restriktionen auf staatlicher Ebene zunächst der naheliegende Ansatz wäre. Strenge Regime könnten die Nichtverbreitung von Drohnen zwar nicht zwingend stoppen, aber doch zumindest verlangsamen und die Verbreitung erschweren. Allerdings steht es, wie oben bereits diskutiert, um Nichtverbreitungsregime für Drohnen sehr schlecht, da sich speziell die USA bei steigender Nachfrage an möglichen Exporten gehindert sehen, die stattdessen der Konkurrent China bedient. Sich verstärkt dafür einzusetzen, dass Drohnenverkäufe international restriktiv gehandhabt werden und zu versuchen, dass die Regeln des *Missile Technology Control Regimes* sowohl von den

---

18 https://www.opcw.org/sites/default/files/documents/ICA/IPB/18th_Nation al_Authorities/9_-_Activities_of_the_OPCW_Sub-Working_Group_on_ non-State.pdf. Zugegriffen 19. Februar 2019.

USA (weiterhin) als auch von China (neu) befolgt werden, ist eine naheliegende und zumindest nicht völlig unrealistische Option, die mit der bisherigen deutschen Position zum MTCR im Einklang stehen würde. Im Bereich des staatlichen Einsatzes bewaffneter Drohnen hingegen könnte Deutschland noch stärker als normsetzender Akteur auftreten. Im Sommer 2018 hat der Bundestag zugestimmt, für die Bundeswehr in den nächsten Jahren mit bewaffnungsfähigen Drohnen vom israelischen Typ Heron TP zu beschaffen.[19] Die Schulung deutscher Pilotinnen und Piloten an diesen Systemen begann im Januar 2019 – auch wenn es „bislang ausschließlich um den Einsatz der unbemannten Systeme zur Aufklärung" (vgl. Wiegold 2019) gehe. Die Veröffentlichung klar formulierter Einsatzregeln durch die Bundesregierung beziehungsweise das BMVg, die im Detail ausbuchstabieren, welche Einsätze gewünscht und völkerrechtlich zulässig sind (wie die Luftnahunterstützung von Bodentruppen in einem Konfliktgebiet) und auf welche Einsätze man explizit verzichtet (zum Beispiel gezielte Tötungen), könnten einen normativen Rahmen für Drohneneinsätze bilden, dem sich zunächst andere Staaten, längerfristig möglicherweise sogar organisierte nichtstaatliche Gewaltakteure anschließen könnten.

Literatur

Amnesty International. 2013. *Will I be next? US Drone Strikes in Pakistan.* London: Amnesty International.

Anna, Cara. 2018. Islamic extremists are now using drones in Nigeria, leader says. https://www.militarytimes.com/news/your-military/2018/11/30/islamic-extremists-are-now-using-drones-in-nigeria-leader-says/. Zugegriffen: 15. Mai 2018.

Asal, Victor, Paul Gill, R. Karl Rethemeyer und John Horgan. 2013. Killing Range: Explaining Lethality Variance within a Terrorist Organization. *Journal of Conflct Resolution* 59 (3): 401–427.

---

19 https://www.zeit.de/politik/deutschland/2018-06/kampfdrohnen-beschaffung-bundestag-herontp. Zugegriffen 13. März 2019.

Catalano Ewers, Elisa, Lauren Fish, Michael C. Horowitz, Alexandra Sander und Paul Scharre. 2017. *Drone Proliferation. Policy Choices for the Trump Administration*. Washington, DC: Center for a New American Security.

Daase, Christopher. 1999. *Kleine Kriege – Große Wirkung. Wie unkonventionelle Kriegsführung das internationale System verändert*. Baden-Baden: Nomos.

Fuhrmann, Matthew und Michael C. Horowitz. 2017. Droning On: Explaining the Proliferation of Unmanned Aerial Vehicles. *International Organization* 71 (2): 397–418.

General Accountability Office (GAO). 2012. *Nonproliferation. Agencies Could Improve Information Sharing and End-Use Monitoring on Unmanned Aerial Vehicle Exports*. Washington, D. C.: General Accounting Office.

Gettinger, Dan und Arthur Holland Michel. 2014. A Brief History of Hamas and Hezbollah's Drones. https://dronecenter.bard.edu/hezbollah-hamas-drones/. Zugegriffen: 18. Juni 2018.

Gibbons-Neff, Thomas. 2017. ISIS drones are attacking U.S. troops and disrupting airstrikes in Raqqa, officials say. https://www.washingtonpost.com/news/checkpoint/wp/2017/06/14/isis-drones-are-attacking-u-s-troops-and-disrupting-airstrikes-in-raqqa-officials-say/?noredirect=on&utm_term=.cdbf16fc5747. Zugegriffen: 15. Juni 2018.

Goldstein, Cora Sol. 2015. Drones, Honor, and War. *Military Review* 70 (Nov./Dec.): 70–76.

Heinrich Böll Stiftung (Hrsg). 2018. *Autonomy in Weapon Systems. A Report by Daniele Amoroso, Frank Sauer, Noel Sharkey, Lucy Suchman and Guglielmo Tamburrini* Berlin: Heinrich Böll Stiftung.

Herr, Stefanie. 2013: Einbindung durch Anerkennung? Nichtstaatliche Gewaltakteure und das humanitäre Völkerrecht. *S+F Vierteljahresschrift für Sicherheit und Frieden* 31 (2): 65–70.

Hoffmann, Daniela. 2018. Drohnenabwehr: Die Industrie fährt den Schutzschild hoch. https://www.produktion.de/trends-innovationen/drohnenabwehr-die-industrie-faehrt-den-schutzschild-hoch-104.html. Zugegriffen: 16. Mai 2018.

Irvine, Dean. 2012. Doing Military's Dangerous, Dull and Dirty Work https://edition.cnn.com/2012/02/15/business/singapore-airshow-drones/index.html. Zugegriffen: 15. Mai 2018.

Koch, Bernhard und Niklas Schörnig. 2017. Autonome Drohnen – die besseren Waffen? Kampfdrohnen und autonome Waffensysteme aus Sicht der Theorie(n) des gerechten Krieges. *Vorgänge* 2017 (2): 43–53.

Pomerleu, Mark. 2017. In Drones, ISIS has Its Own Tactical Air Force. https://www.defensenews.com/digital-show-dailies/modern-day-marine/2017/09/21/in-drones-isis-has-its-own-tactical-air-force/. Zugegriffen: 17. Juni 2018.

Sauer, Frank und Niklas Schörnig. 2012. Killer Drones – The Silver Bullet of Democratic Warfare? *Security Dialogue* 43 (4): 363–380.

Scharre, Paul. 2017. Why You Shouldn't Fear „Slaughterbots". https://spectrum.ieee.org/automaton/robotics/military-robots/why-you-shouldnt-fear-slaughterbots. Zugegriffen: 22. Mai 2018.

Schörnig, Niklas 2017. *Preserve Past Achievements! Why Drones Should Stay within the Missile Technology Control Regime (for the Time Being)*. Frankfurt a. M.: Hessische Stiftung Friedens- und Konfliktforschung.

Westphal, Chris. 2015. DJI Matrix 100: Offizielle Infos und Installationsanleitung im Video-Leak. https://www.drohnen.de/5706/dji-matrice-100-dji-matrix-100-offizielle-infos-und-installationsanleitung-im-video-leak/. Zugegriffen: 20. Mai 2018.

Westphal, Chris. 2017. Neue Drohnen-Verordnung im Jahr 2017. https://www.drohnen.de/14181/neue-drohnen-verordnung-ab-januar-2017/. Zugegriffen: 20. Mai 2018.

Wiegold, Thomas. 2019. DroneWatch: Bundeswehr beginnt Ausbildung für neue Drohne – Update (neu: Lizenz für RPA-Piloten mit Korrektur). https://augengeradeaus.net/2019/01/dronewatch-bundeswehr-beginnt-ausbildung-fuer-neue-bewaffnungsfaehige-drohne/. Zugegriffen: 1. Februar 2019.

Unbemannte Systeme als Herausforderung für die Rüstungs- und Exportkontrolle

Christian Alwardt

1 Einleitung

In den letzten zwei Dekaden waren es insbesondere die rasanten Fortschritte im Feld der Informationstechnologien, die zu einer stetigen Digitalisierung des Alltages geführt und die Forschung und Entwicklung in den Bereichen Robotik, Automatisierung und künstliche Intelligenz vorangetrieben haben. Die heutige Entwicklung unbemannter Systeme, ihre Eigenschaften und Fähigkeiten gründen sich in großen Teilen auf diesen neuen wissenschaftlichen Erkenntnissen und technologischen Errungenschaften. Wesentlicher Antriebsmotor des technologischen Fortschritts ist dabei mittlerweile die zivile Forschung und Entwicklung. Die militärische Forschung und Entwicklung wiederum orientiert und bedient sich stark an den neuen zivilen technologischen Errungenschaften und Trends. Moderne unbemannte Waffensysteme bestehen so in einem zunehmenden Maße aus kommerziellen Technologien, die auf dem zivilen Markt in der Breite erhältlich und überwiegend frei zugänglich sind (Dual-Use-Komponenten). Leistungsfähige unbemannte Systeme sind sowohl für zivile als auch für militärische Anwendungen erhältlich. Mögliche militärische Anwendungen liegen unter anderem im Bereich von Aufklärung, Kommunikation, Logistik, Rettungseinsätzen, Feuerleitunterstützung oder im Waffeneinsatz. Unbemannte Systeme können dabei zu Land, Luft, See und im Weltraum operieren. Verfügen die Systeme über eine Bewaffnung, werden sie zumeist als unbemannte Waffensysteme bezeichnet. Am weitesten verbreitet und technologisch fortgeschritten sind bislang unbemannte militärische Luftsysteme, häufig auch mit dem Begriff Drohne oder – wenn bewaffnet – mit Kampfdrohne umschrieben. Der technologische Entwicklungsstand und die Fähigkeiten unbemannter Systeme variieren stark. Mit fortschreitender Automatisierung übernehmen unbemannte Systeme in einem zunehmenden Maße menschliche Arbeitsanteile und Kontrolle.

Mit dem Fokus auf den Herausforderungen für die Rüstungs- und Exportkontrolle sollen hier vor allem moderne und immer stärker automatisierte unbemannte Waffensysteme betrachtet werden. Die Dual-Use-Problematik unbemannter Waffensysteme soll dabei ebenso thematisiert werden wie ihre Weiterverbreitungspfade, die prognostizierten Entwicklungstrends sowie die Bedingungen und möglichen Folgen ihres Einsatzes. Daran anschließend wird einerseits diskutiert, ob heutige Instrumente der Rüstungskontrolle bereits ein probates Mittel zur Regulierung unbemannter Systeme darstellen, und andererseits, welche Herausforderungen sich für zukünftige Rüstungs- und Exportkontrolle abzeichnen und welche möglichen Ansatzpunkte sich anbieten, um diesen zu begegnen.

2 Die Dual-Use-Problematik

Generell ist festzustellen, dass im Bereich neuer Technologien eine (eindeutige) Abgrenzung von zivilen und militärischen Systemen, Komponenten und Anwendungen zunehmend schwieriger wird oder schon nicht mehr möglich ist (Dual-Use-Problematik). Am Ende entscheidet die „Natur" und intendierte Nutzung einzelner Komponenten sowie die, aus der Kombination mehrerer Komponenten resultierenden Fähigkeiten über das zivile oder militärische Potenzial eines unbemannten Systems. Um eine Abwägung des militärischen Potenzials einzelner Dual-Use-Komponenten oder kompletter unbemannter Systeme anstellen zu können, bietet es sich an, die folgenden Komponentenkategorien eines Systems genauer zu betrachten und auf ihre Fähigkeiten und etwaige militärische Eignung hin zu prüfen:

- System-Hardware (unter anderem Rahmen/Gestell, Antrieb, Elektronik, Hydraulik),
- System-Software (unter anderem Steuerung, Vernetzung/Kommunikation, Auswertung, Daten),
- unterstützende Infrastruktur (unter anderem Kommando & Kontrolle, Satelliten, Navigationssysteme, Dateninformationen, Operationsbasen) sowie
- Nutzlast (unter anderem Sensorik, Höhe der Traglast).

Nach wie vor gibt es dabei eine Reihe militärspezifischer Komponenten wie zum Beispiel Bewaffnung, bestimmte Materialien (Panzerung, radarabsorbierende Stoffe etc.), Härtung gegen elektromagnetische Strahlung, spezielle Kryptographie-/Kommunikationssysteme oder besondere Hochleistungsantriebe, die auf ein dezidiert militärisches System schließen lassen.

Es sind insbesondere die Softwaretechnologien, die einen potenziell hohen Dual-Use-Charakter aufweisen (vgl. CNAS 2017, S. 14) und eine erhebliche Herausforderung darstellen, will man Aufschluss über ihre (zivile oder militärische) Natur, Fähigkeiten und intendierte Nutzung erhalten. Nur ein tiefer Einblick in den zugrundeliegenden Softwarecode könnte Rückschlüsse auf Funktionen und Bestimmung erlauben. Entsprechendes gilt auch für die Kommunikations- und Serverinfrastruktur. Hierüber kann sowohl ziviler als auch militärischer Datenverkehr oder -prozessierung abgewickelt werden, ohne dass sich aber anhand nicht-invasiver Methoden feststellen ließe, um welche Art es sich genau handelt.

3 Zukünftige Entwicklungen unbemannter Waffensysteme

Bei der Entwicklung unbemannter Waffensysteme konnten in den vergangenen Jahren eine Anzahl von Trends ausgemacht werden. Zu beobachten sind einerseits Bestrebungen zur Leistungssteigerung von Waffensystemen (Geschwindigkeit, Reichweite und Nutzlast), aber auch Anstrengungen zu ihrer Miniaturisierung, um beispielsweise eine höhere Agilität zu erlangen. Ein offensichtliches Spannungsfeld besteht hinsichtlich der Bemühungen, unbemannte Waffensysteme stärker zu vernetzen, den Grad ihrer Autonomie voranzutreiben, sie im Schwarm agieren zu lassen oder aber die Mensch-Maschinen-Interaktion auszubauen. Obwohl diese Trends oftmals in unterschiedliche Richtungen weisen, führen sie in Summe und Kombination zu einem breiteren Spektrum militärischer Optionsmöglichkeiten, in welche die Erwartung gesetzt wird, den immer komplexeren und unschärferen militärischen Szenarien der Zukunft besser gerecht zu werden. Hierzu zählen unter anderem die Ausweitung oder Entgrenzung klassischer Gefechtsfelder sowie neue Formen hybrider Kriegsführung, aber auch die operative Erschließung neuer militärischer Domänen wie dem Cyberspace und Weltraum.

Es ist anzunehmen, dass unbemannte Waffensysteme zukünftig einerseits autonom und individuell, andererseits aber auch innerhalb sehr großer Systemverbünde kooperativ agieren werden, kontrolliert und gesteuert durch zunehmend computergestützte Kommando- und Kontrolleinheiten. Mögliche Einsatzfelder für solche automatisierten oder autonomen Waffensysteme können sich sowohl auf der taktischen Ebene – unter anderem anhand kleiner agiler unbemannter Systeme (zum Beispiel für urbane Kriegsführung) – als auch auf der strategischen Ebene – unter anderem mittels leistungsstarker oder ausdauernder unbemannter Systeme (zum Beispiel als Träger für strategische Waffen) – ergeben. Die entscheidende Frage, die es zu beantworten gilt, ist aber, wie viel Lagekontrolle dem Menschen angesichts der fortschreitenden Automatisierung am Ende noch vorbehalten bleiben wird (vgl. iPRAW 2018).

4 Die Weiterverbreitung unbemannter Waffensysteme

Maßgebliche Treiber der militärischen Forschung und Entwicklung sowie Beschaffung im Bereich unbemannter Waffensysteme sind die ihnen zugeschriebenen Fähigkeiten und militärischen Anwendungsmöglichkeiten sowie dadurch erhoffte operative Vorteile und Kräfteverschiebungen zu eigenen Gunsten. Ein geändertes sicherheitspolitisches Umfeld und damit einhergehender militärstrategischer Wandel lassen unbemannte Waffensysteme für bestimmte Einsatzszenarien prädestiniert erscheinen (vgl. Dickow 2015). Ein weiteres oft angeführtes Argument für ein Engagement im Bereich unbemannter Waffensysteme ist die gesehene Notwendigkeit, den Anschluss an diese Art von militärtechnologischen Entwicklungen zu wahren und sich aus einem nationalen Interesse heraus entsprechende Kapazitäten vorzuhalten.

Es ist ein zunehmender Anstieg bei der Forschung und Entwicklung, der Beschaffung und dem Einsatz unbemannter militärischer Systeme zu verzeichnen. Der Einsatz von Kampfdrohnen in militärischen Auseinandersetzungen oder zur Aufstandsbekämpfung hat sich ausgeweitet. Derzeit ist davon auszugehen, dass 21 Länder militärische Drohnen exportieren und diesen etwa 75 Empfängerstaaten (Drohnenimporteure) gegenüberstehen. Ungefähr 31 Länder sind heute im Besitz von bewaffnungsfähigen Drohnen oder haben diese geleast. Der militärische Einsatz bewaffneter Drohnen kann bisher 10 Ländern zugeschrieben werden (vgl. NA 2019).

Bei der Weiterverbreitung von unbemannten Waffensystemen kann zwischen der horizontalen und vertikalen Proliferation unterschieden werden. Mit der horizontalen Proliferation wird vor allem die generelle Weiterverbreitung dieser Waffensystemkategorie in Bezug auf bestimmte Akteure beschrieben (Staaten zum Beispiel entwickeln oder beschaffen erstmalig unbemannte Waffensysteme und erlangen die Fähigkeit, mit ihnen militärisch zu operieren). Mit vertikaler Proliferation können sowohl dezidierte technologische oder konzeptionelle Weiterentwicklungsschritte gemeint sein, die zu einer militärischen Fähigkeitssteigerung von unbemannten

Waffensysteme führen, als auch eine erhebliche Steigerung der Arsenale an unbemannten Waffensystemen oder ihre Integration in neue militärische Felder. Unbemannte Kampfdrohnen eines niedrigen bis mittleren Entwicklungstandes sind bereits heute zunehmend Gegenstand von Rüstungsexporten. Als hauptsächliche Exporteure haben sich hier bisher China und Israel hervorgetan, aber auch die USA scheinen neuerdings bestrebt, den Kampfdrohnenexport an verbündete Staaten auszuweiten (vgl. CNAS 2017).

Zivilen unbemannten Systemen wird zukünftig ein hohes Marktpotenzial zugeschrieben (vgl. Murfin 2018). Aufgrund des Dual-Use-Potenzials der zugrundeliegenden Technologien wird dieser Trend aller Vorrausicht nach einen erheblichen Einfluss auf sowohl die horizontale als auch die vertikale Proliferation unbemannter Waffensysteme haben. Von eindeutigen Indizien wie einer Bewaffnung einmal abgesehen, werden zivilen und militärischen Systemen allein über die Entwicklungsstufe und Qualität ihrer Sensorik sowie Hard- und Softwarekomponenten zukünftig immer schwerer zu unterscheiden sein. Allein die Kenntnis und die Analyse des Softwarecodes könnte in vielen Fällen dann noch Aufschluss über die resultierenden und intendierten Fähigkeiten eines unbemannten Systems geben; zum Beispiel auch darüber, ob ein ziviles unbemanntes System von seinem technologischen Potenzial nicht bereits auch als Waffenträger eingesetzt oder aber durch eine Abwandlung des Softwarecodes zu einer solchen militärischen Nutzung befähigt werden könnte. Neben der Eigenentwicklung oder dem Einkauf unbemannter Waffensysteme kann also auch die Um- und Aufrüstung ziviler unbemannter Systeme ein verstärkter Treiber von horizontaler Proliferation werden. Welcher Proliferationspfad von einem bestimmten Akteur beschritten wird, hängt in einem hohen Maße vom Umfang seiner finanziellen sowie industriellen Kapazitäten und seines Marktzugangs ab. Die vertikale Proliferation unbemannter Waffensysteme wird vor allem durch verstärkte Anstrengungen zur weitergehenden Automatisierung unbemannter Waffensysteme gekennzeichnet sein. Die Forschung und Entwicklung im Feld der Digitaltechnologien – insbesondere in Bereichen wie Maschinenlernen, künstliche Intelligenz, Mensch-Maschinen-Interaktion etc. – können die hierfür nötigen Grundlagen und technologischen Voraussetzungen schaffen. Es sind zurzeit insbesondere China, die USA, Russland und Israel, die ein starkes militärisches Interesse an diesen bisher vor allem zivil vorangetriebenen technologischen Entwicklungen zum Ausdruck bringen und entsprechend in diese Technologien investieren (zum Technologiewettlauf zwischen den USA und China vgl. Fischer 2018).

5 Bedingungen und Auswirkungen des Einsatzes unbemannter Waffensysteme

Die Bedingungen und Auswirkungen des Einsatzes sowohl heutiger als auch zukünftiger unbemannter Waffensysteme werden unter Expertinnen und Experten und in der Öffentlichkeit kontrovers diskutiert. Vereinfacht formuliert konzentriert sich diese Diskussion auf drei Felder: (1) auf völkerrechtliche Kriterien, (2) auf ethische und normative Fragestellungen und (3) auf mögliche sicherheitspolitische Implikationen.

5.1 Heutige unbemannte Waffensysteme

Derzeitige unbemannte Waffensysteme können noch als durch den Menschen weitgehend ferngesteuert angesehen werden, die Entscheidung zum Waffeneinsatz obliegt einem menschlichen Operateur. Heutige fortschrittliche unbemannte Kampfdrohnen wie zum Beispiel der MQ-9 Reaper reichen in ihren Leistungsparametern aber bisher nicht an moderne bemannte Kampfflugzeuge heran; sie sind nicht in der Lage, in luftverteidigtem Raum zu operieren. Eingesetzt in asymmetrischen Konflikten – beispielsweise zur Aufstandsbekämpfung – können diese Systeme aber ihr Potenzial entfalten, das insbesondere in einer langen Beobachtungs- und Verweildauer über einem Zielgebiet mit der Option zu einem sofortigen Waffeneinsatz liegt *(lange beobachten und unmittelbar wirken)*. Völkerrechtlich erscheinen heutige unbemannte Waffensysteme an sich zunächst wenig kontrovers, unterliegen sie noch in jedem Aspekt ihres Einsatzes der menschlichen Steuerung und damit auch Verantwortung. Die ethisch-normative und rechtliche Bewertung einiger Einsatzformate ist jedoch umstritten, so zum Beispiel das sogenannte *targeted killing*. Auch der Umstand, dass mit dem Kampfdrohneneinsatz eine „Loslösung" des Gewalteinsatzes von der bisherigen Notwendigkeit zur räumlichen Präsenz eigener Soldaten vorangetrieben wird, nunmehr aus der Distanz geführte militärische Drohnenoperationen zunehmend den Charakter eines Videospiels aufweisen und dem Gegner den größten Teil des Risikos aufbürden, ist kritisch zu sehen. Aus politischer Warte ist der Einsatz unbemannter Waffensysteme so leichter zu legitimieren, da eigene Verluste minimiert werden und damit die „Kosten" eines Gewalteinsatzes erheblich sinken. Als Folge könnte damit aber auch die Hemmschwelle zur gewaltsamen Austragung von Konflikten herabgesetzt werden. Aus sicherheitspolitischer Perspektive würde sich hierdurch gerade in Krisensituationen eine destabilisierende Wirkung entfalten und zugleich auch die Proliferation unbemannter Waffensysteme weiter vorangetrieben werden. Derzeitige Kampfdrohnen eignen sich bisher vor allem für die Kriegsführung in einem asymmetrischen Umfeld und nicht für zwischenstaatliche Konflikte, die auf Augenhöhe ausgetragen werden. Doch auch nicht-staatliche Akteure setzen bereits kleinere, zumeist improvisierte bewaffnete Drohnen auf dem Gefechtsfeld ein, bislang vor allem mit der Intention, Angst zu verbreiten und eine psychologische Wirkung zu erzielen. In Zukunft könnten solch relativ leicht zu beschaffenden Dual-Use-Systeme aber einen sehr viel stärkeren Eingang in Taktik und Strategie nicht-staatlicher Gruppierungen finden und damit auch gezielter und wirkungsvoller eingesetzt werden, und sei es zu Vergeltungszwecken oder als Mittel des Terrorismus.

5.2 Zukünftige unbemannte Waffensysteme

Der prognostizierte Entwicklungstrend unbemannter Waffensysteme hin zu mehr Autonomie und weniger menschliche Kontrolle wirft zahlreiche Fragen auf. Eine Vielzahl von Experten bezweifeln, dass autonom agierende Waffensysteme den Prinzipien des Völkerrechts genügen werden. Wesentlich hängt diese Frage auch von den tatsächlichen kognitiven Kapazitäten solcher zukünftigen Systeme ab und davon, ob autonome Waffensysteme im Sinne internationalen Rechts überhaupt die Verantwortung über einen Waffeneinsatz anstelle des Menschen übernehmen können. In ethischer Hinsicht steht die Frage im Raum, ob es überhaupt geboten ist, einer autonomen Waffe, und damit einer Maschine, die Entscheidung über das Leben oder den Tod von Menschen zu übertragen. Eine breite Öffentlichkeit treibt hier die Sorge vor sogenannten *Killer-Robots* um, was darüber hinaus Befürchtungen vor einer zukünftigen Fremdbestimmung des Menschen durch Maschinen Nahrung gibt (vgl. Gibbs 2017). Ein wesentliches Merkmal der zunehmenden Automatisierung von Waffensystemen beziehungsweise der Abläufe in der Kommando- und Kontrollkette liegt in der Beschleunigung von militärischen Analyse-, Entscheidungs- und Ausführungsprozessen. Informationstechnologien können erheblich größere Mengen an Daten und Informationen in sehr viel kürzerer Zeit als der Mensch auswerten. Soll dieser zeitliche Vorteil gewahrt werden, kann die Plausibilität der maschinellen Resultate durch den Menschen dann aber kaum mehr in der nötigen Detailtiefe überprüft werden. Der Mensch würde mit der Verwendung einer solchen ungeprüften Bewertungsgrundlage – also bei der situativen Lageeinschätzung bereits – (ein Stück weit) seiner Kontrolle beraubt. Militärische Entscheidungen, die auf dieser Basis durch den Menschen oder sogar eine weitere Maschineninstanz getroffen werden, könnten fehlerbehaftet sein und die getroffenen Entscheidungen somit einer Fehlperzeption unterliegen. Auch die hieraus abgeleiteten militärischen Maßnahmen könnten, gesteuert durch computerbasierte Kommando- und Kontrollsysteme und ausgeführt durch zum Beispiel automatisierte Waffensysteme, in erheblich beschleunigter Form gestartet und durchgeführt werden. Durch das Fehlen einer ausreichenden Bedenk- oder Überprüfungszeit für den Menschen verliert dieser die situative Kontrolle mit der Folge, dass es zu einer nicht-intendierten Eskalation kommen könnte. Sicherheitspolitisches Risiko und militärischer Vorteil bedingen sich zumeist. Die Beschleunigung militärischer Prozesse, welche die Gefahr übereilter Entscheidungen und (ver-)schwindender menschlicher Kontrolle bergen, kann im hohen Maße krisendestabilisierend sein. Zugleich lassen sich die potenziellen militärischen Vorteile zunehmend automatisierter Waffensysteme aber auch nicht von der Hand weisen. Es ist deshalb anzunehmen, dass in diesem Bereich künftig mit verstärkten Rüstungsdynamiken, zunehmender Proliferation oder Wettrüsten zu rechnen sein wird, sollte es im Vorfeld nicht gelingen, sich auf geeignete Regulierungsmaßnahmen wie beispielsweise Rüstungs- oder Exportkontrolle zu verständigen. Die völkerrechtlichen, ethischen und sicherheitspolitischen Implikationen zukünftiger automatisierter oder autonomer Waffensysteme lassen sich aus heutiger Sicht nur erahnen, verheißen in jedem Fall aber nichts Gutes.

6 Rüstungs- und Exportkontrolle

Bei Rüstungskontrolle handelt es sich im Allgemeinen um eine kooperative und zumeist rechtlich bindende Maßnahme zwischen Staaten, anhand derer bestimmte Waffensysteme oder -arten in ihrer Anzahl, regionalen Verbreitung oder Verwendung reguliert werden. Rüstungskontrolle erfolgt im beiderseitigen Interesse und bedeutet einen Mehrwert für alle beteiligten Akteure, stellt also kein Nullsummenspiel dar. Rüstungskontrolle dient der Einhegung destabilisierender Rüstungsdynamiken, der Risikoreduzierung und Kriegsverhütung sowie der Schadensminderung und kann allseitige Kostenersparnis bedeuten. Rüstungskontrollabkommen können sowohl multilateral innerhalb der Staatengemeinschaft vereinbart (zum Beispiel im Rahmen der Vereinten Nationen) als auch nur zwischen Staaten bilateral geschlossen werden (zum Beispiel der *New Start*-Vertrag zwischen den USA und Russland). Um das notwendige Vertrauen in die Einhaltung von Rüstungskontrollabkommen zu gewährleisten, werden sie überwiegend durch Verifikationsmaßnahmen (Überprüfungsmaßnahmen) flankiert (vgl. Neuneck 2012).

Die Exportkontrolle im Rüstungsbereich wird von den Staaten überwiegend selber verantwortet und über das nationale Recht festgeschrieben. Exportkontrolle dient dabei der Nichtverbreitung bestimmter Waffensysteme oder -technologien, richtet sich häufig aber nicht gegen alle Länder, sondern spart beispielsweise verbündete Staaten aus, womit sie einen diskriminierenden Charakter aufweisen kann. Exportkontrollmaßnahmen gegenüber potenziellen Empfängerstaaten werden zumeist mit Argumenten wie einer Gefährdung regionaler Stabilität, festgestellten Menschenrechtsverletzungen oder einer Beteiligung an kriegerischen Auseinandersetzungen begründet. Andererseits ist Exportkontrolle aber auch ein Instrument, mit dessen Hilfe sich Staaten einen technologischen Fortschritt wahren und sich die militärischen Vorteile moderner Waffentechnologien gegenüber anderen Staaten vorbehalten wollen. Im Fall internationaler Sanktionen wie einem Waffenembargo (zum Beispiel durch den UN-Sicherheitsrat) können Staaten aber auch durch die internationale Gemeinschaft zu restriktiveren Rüstungsexportrichtlinien oder Exportverboten angehalten werden.

Rüstungs- und Exportkontrolle im Bereich unbemannter Systeme – sowohl aus heutiger als auch zukünftiger Sicht – wirft eine Reihe grundlegender Fragen auf, deren Beantwortung maßgeblich dafür ist, wie es um die Erfolgsaussichten einer Regulierung bestellt ist und welche Instrumente sich hierfür überhaupt eignen würden. Am Anfang stellt sich zunächst die Frage, *warum* und *was* genau reguliert werden soll. Gründe für eine Regulierung unbemannter Systeme können Implikationen wie zum Beispiel eine (befürchtete) Verletzung der Prinzipien des humanitären Völkerrechts, ethisch-moralische Bedenken oder sicherheitspolitische Auswirkungen sein. Um bestimmen zu können, *was* genau es zu regulieren gilt, müssen die potenziellen Verursacher solcher Implikationen zunächst bestimmt, also die als problematisch erachteten unbemannten Systeme oder Anwendungen definiert und abgegrenzt werden, um diese so für Regulierungsmaßnahmen greifbar zu machen. Hieran anschließend stellt sich die Frage nach den Regulierungsmöglichkeiten, also *wie* und in welchem Umfang etwas reguliert werden kann, ob also zum Beispiel die Anzahl, die Verwendung, die regionale Verbreitung oder die Proliferation dieser Systeme reglementiert werden könnte. Nicht unwesentlich ist am Ende auch, welches nationale oder internationale Interesse an einer Regulierung besteht und welche Unterstützung für die Rüstungs- und Exportkontrolle damit im jeweiligen Fall überhaupt gegeben ist. Das bringt uns schlussendlich zu der Frage, welche Instrumente sich unter den jeweiligen Voraussetzungen nun überhaupt für eine Regulierung anbieten oder anders ausgedrückt: *Wodurch* und wie rechtsverbindlich lassen sich als problematisch erachtete unbemannte Systeme effektiv regulieren? Anhand einer beispielhaften Typologisierung unbemannter Systeme zeigt Tabelle 1 eine Auswahl jeweils aussichtsreicher Regulierungsinstrumente auf.

Instrumente zur Regulierung unbemannter Waffensysteme können internationale Rüstungskontrollabkommen, bi- und multilaterale Rüstungsverträge sowie internationale Vereinbarungen oder auch unilaterale Maßnahmen zur Nichtverbreitung sein. Beispielhafte Regulierungsinstrumente im Sinne der Rüstungs- und Exportkontrolle reichen von vertrauens- und sicherheitsbildenden Maßnahmen (VSBM) über Exportmonitoring und Exportkontrollregime bis zu Übereinkommen hinsichtlich von Einsatzregeln *(Rules of Engagement)* oder Fähigkeitsbegrenzungen *(Restriction of Capabilities)*. Daneben bieten sich auch konventionelle Rüstungskontrolle im Sinne einer regionalen und zahlenmäßigen Reglementierung, ein Verbot oder der Verzicht auf bestimmte Waffensysteme sowie präventive Rüstungskontrollübereinkommen oder der freiwillige Verzicht auf bestimmte zukünftige Waffensysteme (zum Beispiel ein *Code of Conduct*) als probate Instrumente an.

Die Regulierung heute bereits vorhandener beziehungsweise kurz- bis mittelfristig absehbarer unbemannter Waffensysteme ist bisher nicht Gegenstand von separaten Rüstungskontrollverträgen oder internationalen Verhandlungen. Einige dieser unbemannten

Herausforderung für die Rüstungs- und Exportkontrolle 97

Tab. 1 Unbemannte Systeme: Was könnte wodurch reguliert werden?

Systeme	Maßnahmen
zukünftige unbemannte (autonome) Waffensysteme	präventive Rüstungskontrolle, Verbotsregime, Einsatzregeln, Fähigkeitsbegrenzungen, Code of Conduct, VSBM
heutige moderne unbemannte Waffensysteme (als Waffensystem abgrenz- und definierbar)	Konventionelle Rüstungskontrolle, Einsatzregeln, Exportkontrolle, VSBM
einfache taktische unbemannte Waffensysteme	Exportkontrolle, VSBM
fortschrittliche zivile unbemannte Systeme (Dual Use: Möglichkeiten zur Bewaffnung bzw. Umrüstung zu modernen unbemannten Waffensystemen)	Exportkontrolle, nationale Rechtsvorschriften
Einfache militärische oder zivile unbemannte Systeme (Dual Use: Möglichkeit der Bewaffnung bzw. Umrüstung zu [einfachen] Waffensystemen)	nationale Rechtsvorschriften

Quelle: Eigene Darstellung.

Systeme lassen sich jedoch nach weitläufiger Expertenmeinung in eine Reihe existierender multi- oder bilateraler Rüstungskontrollverträge inkludieren – zumindest deren Wortlaut nach. Obwohl unbemannte Systeme für sich alleine in diesen Abkommen keine explizite Erwähnung finden, wird im dortigen definitorischen Kontext auch nicht nur von dezidert „bemannten" Systemen gesprochen, was somit einen Ermessensspielraum ihres Geltungsbereiches eröffnet. Im Bereich der konventionellen Rüstungskontrolle hätten unbemannte bewaffnete Systeme zum Beispiel unter eine der fünf Hauptwaffenkategorien des Vertrags über die konventionellen Streitkräfte in Europa (KSE) fallen können, sofern sie die dortigen definitorischen Voraussetzungen für Kampfpanzer, gepanzerte Kampffahrzeuge, Kampfflugzeuge oder Angriffshelikopter erfüllt hätten. Die Mechanismen des KSE-Vertrags wurden jedoch durch die russische Suspendierung 2007 und das letztliche Ausscheiden Russlands aus der gemeinsamen Beratergruppe 2015 de facto außer Kraft gesetzt (vgl. Schmidt 2015). Russland begründete seinen Schritt mit den nicht mehr zeitgemäßen nummerischen Obergrenzen, die das veränderte Kräfteverhältnis nach dem Ende des Kalten Krieges nicht mehr widerspiegeln würden. Der vorherige Versuch einer Anpassung des Vertrages (AKSE) im Jahr 1999 wurde von den NATO-Staaten nicht mitgetragen. Im Bereich der nuklearen Rüstungskontrolle könnten unbemannte Waffensysteme im Rahmen des bilateralen INF-Vertrages von 1987 *(Intermediate Range Nuclear Forces)* (zwischen den USA und Russland) reglementiert werden, sofern sie mittels einer Startvorrichtung vom Boden abfliegen. Der INF-Vertrag galt mit der verifizierten Abrüstung aller Mittelstreckenraketen mit Reichweiten zwischen 500 und 5 500 km als erfolgreich umgesetzt. Sowohl die USA als auch Russland haben im Januar 2019 aber ihren Austritt aus dem Abkommen erklärt und dies mit Vertragsverletzungen der jeweiligen Gegenseite begründet (vgl. Postol 2019). Der *New Start*-Vertrag von 2010 zwischen den USA und Russland wiederum setzt Obergrenzen für strategische nukleare Trägersystemen fest, deren Typen dezidiert genannt und definiert sind. Obwohl hierzu bislang keine unbemannten Trägersysteme zählen, beinhaltet der Vertrag einen bilateralen Konsultationsmechanismus (*New Start*-Vertrag, Art. V), der die gelisteten Systeme um neuartige strategische nukleare Trägersysteme ergänzen könnte, zu denen dann zukünftige gegebenenfalls auch unbemannte Luft- und Unterwassersysteme zählen würden. Zurzeit ist es ungewiss, ob der *New Start*-Vertrag über 2020 hinaus verlängert wird. Sowohl eine Verlängerung als auch die Listung neuer unbemannter strategischer Trägersysteme setzen den einvernehmlichen Willen der USA und Russlands voraus. Auch im Rahmen des Chemie- und Biowaffenübereinkommens sind unbemannte Trägersysteme reglementiert. Nach dem dort vorherrschenden *General Purpose*-Kriterien sind sie verboten, wenn Sie derart ausgerüstet und dazu geeignet wären, chemische oder biologische Waffen auszubringen.

Im Bereich der VSBM und internationalen Exportkontrolle verhält es sich ähnlich wie bei den bereits erwähnten Rüstungskontrollverträgen; unbemannte Waffensysteme im Allgemeinen finden zwar keine gesonderte Erwähnung, können dem Wortlaut nach aber auch nicht ausgeschlossen werden, solange sie den Definitionen der dort gelisteten Waffensysteme entsprechen. Nur (bewaffnete) unbemannte Flugsysteme bilden hiervon eine Ausnahme. Sie finden sowohl in dem *Missile Technology Control Regime* (MTCR) und dem Wassenaar-Abkommen (multilaterale Exportregime) als auch in dem *Arms Trade Treaty* (ATT) und dem UN-Waffenregister (bei letzteren beiden handelt es sich um eine VSBM beziehungsweise internationale Norm der Vereinten Nationen) eine explizite Erwähnung und sind damit unmittelbarer Bestandteil dieser Abkommen. Auch das Wiener Dokument, eine VSBM der Organisation für Sicherheit und Zusammenarbeit in Europa (OSZE), kann hinsichtlich seiner Geltung für unbemannte Waffensysteme ausgelegt werden, solange diese den dort gelisteten Hauptwaffentypen entsprechen. Das Wiener Dokument ist bisher das einzige dieser Abkommen im Bereich von VSBM und Exportkontrolle, das Überprüfungs-und Verifikationsmechanismen beinhaltet.

Es muss jedoch festgestellt werden, dass in Hinblick auf die konkrete Auslegung dieser Verträge und Abkommen – vor allem hinsichtlich ihrer Anwendung auf unbemannte Systeme – Meinungsverschiedenheiten und Interessenkonflikte innerhalb der Staatengemeinschaft bestehen. Die Sinnhaftigkeit und der Nutzen von Rüstungskontrolle scheinen von einer wachsenden Zahl von Staaten insgesamt infrage gestellt zu werden und eine zunehmende Erosion bestehender Rüstungskontrollinstrumente muss konstatiert werden (vgl. Alwardt et al. 2018). Fast vergessen scheint eine wesentliche Erkenntnis aus der Zeit der Ost-West-Konfrontation, dass nämlich Rüstungskontrolle einen gegenseitigen Stabilitäts- und Sicherheitsgewinn bedeuten und damit auch wechselseitige Interessen bedienen kann.

Im Rahmen des UN-Waffenübereinkommens (*Convention on Certain Conventional Weapons,* CCW) findet gegenwärtig ein internationaler Diskurs darüber statt, ob zukünftige autonome Waffensysteme die Kriterien des humanitären Völkerrechts hinreichend erfüllen werden oder eine Notwendigkeit zu ihrer Regulierung oder ihrem Verbot besteht. In den bisherigen Expertentreffen, die seit 2014 in Genf stattfinden, konnte bisher in Hinblick auf die Definition und technologische Abgrenzung autonomer Waffensysteme sowie die Bedeutung und das erforderliche Maß menschlicher Kontrolle kein internationaler Konsens erzielt werden (vgl. Alwardt und Polle 2018). Die Expertenverhandlungen im Rahmen der CCW werden hierzu im Verlauf des Jahres 2019 fortgesetzt werden, ein Durchbruch in Bezug auf die wesentlichen internationalen Unstimmigkeiten ist jedoch nicht absehbar.

Neben der internationalen Debatte im Rahmen der CCW, die sich vorwiegend mit der völkerrechtlichen Konformität zukünftiger autonomer Waffensysteme beschäftigt, werden automatisierte oder autonome unbemannte Waffensysteme bisher nur unzureichend im Hinblick auf die möglichen sicherheitspolitischen Implikationen betrachtet, welche mit ihrer Entwicklung, Beschaffung und ihrem Einsatz einhergehen können. Negative Auswirkungen für die internationale Sicherheit oder Krisenstabilität können sich so durch Rüstungsdynamiken, eine Entgrenzung des Gewalteinsatzes, schwindende situative menschliche Kontrollmöglichkeiten, automatisierungsbedingte Eskalationspotentiale sowie eine Schwächung von regionaler oder strategischer Stabilität ergeben. Das Bewusstsein um diese potenziellen Auswirkungen und die damit verbundenen Risiken ist international bisher nur schwach ausgeprägt. Dementsprechend stehen auch die Bemühungen zur Einhegung der sicherheitspolitischen Implikationen noch am Anfang; unbemannte Waffensysteme sind bislang nicht Gegenstand gezielter Rüstungskontrollanstrengungen (vgl. Alwardt und Polle 2018). Ebenso verhält es sich mit Blick auf dazugehörige Verifikationsmechanismen, welche sowohl den neuartigen Bedingungen einer zunehmenden Digitalisierung, der Dual-Use-Problematik als auch der immer komplexeren technologisch-funktionalen Aufbauweise von modernen unbemannten Waffensystemen gerecht werden müssen. Nur anhand solch probater Verifikationsinstrumentarien kann überhaupt das nötige Vertrauen in die Vertragstreue zukünftiger Rüstungskontrollabkommen geschaffen werden, womit die Überlegungen zu geeigneten Verifikationsmaßnahmen wichtiger Bestandteil oder sogar Voraussetzung eines erfolgreichen Verhandlungsprozesses um Rüstungskontrolle sind.

7 Herausforderungen begegnen

Unbemannte Systeme stellen in vielerlei Hinsicht eine Herausforderung für die internationale Rüstungs- und Exportkontrolle dar. Bei den modernsten Varianten handelt es sich um sehr komplexe Systeme, deren Fähigkeiten sich aus dem Zusammenspiel vielfältiger Technologiekomponenten, Systemsteuersoftware und externer Infrastruktur ergeben. Eine Unterscheidung zwischen zivilen und militärischen unbemannten Systemen alleine auf Basis ihrer Komponenten und technologischen Parameter gestaltet sich zunehmend schwieriger. Bei den technologischen Bestandteilen handelt es sich mittlerweile zumeist um Dual-Use-Produkte mit einem überwiegend zivilen Ursprung, deren Verbreitung sich nur schwer regulieren oder nachverfolgen lässt. Nur wenige unbemannte Systeme weisen bisher eindeutige und unveränderbare militärische Attribute oder eine Bauweise auf, die sich zweifelsfrei einer rein militärischen Nutzung zurechnen lassen. In vielen Fällen lässt sich der zivile oder militärische Charakter eines unbemannten Systems daher nur anhand von dessen tatsächlicher Verwendung bestimmen. Deutliche Indizien für ein unbemanntes Waffensystem wären eine vorhandene Bewaffnung, Waffenaufhängungen, entsprechende Zielleitsysteme oder eine Angriffssteuersoftware. Da sich die Nutzlast und Software unbemannter Systeme zumeist recht einfach austauschen beziehungsweise umrüsten lassen, kann es in vielen Fällen sogar nur die Momentaufnahme sein, die über die intendierte Nutzung des unbemannten Systems Aufschluss gibt. Dieser Umstand stellt die klassischen Verifikationsinstrumente vor kaum überwindbare Hindernisse, lassen sie doch eine kontinuierliche Überprüfung von unbemannten Systemen hin auf ihren zivilen oder militärischen Charakter nicht möglich erscheinen. Klassische Rüstungskontrolle stützte sich bisher vor allem auf die numerische, regionale und typbezogene Begrenzung von klar definierten und als solche erkennbare Waffenkategorien. Verifikation findet hier in Form von Detektieren und Abzählen statt. Wohl nur solche unbemannte Waffensysteme, die einen unveränderlichen militärischen Charakter aufweisen (wie es heute zum Beispiel noch für bemannte Panzer, Kampfflugzeuge oder Kriegsschiffe der Fall ist), könnten auch zukünftig noch allein mit den klassischen Instrumenten von Rüstungskontrolle erfasst werden.

Es zeichnet sich somit ab, dass Rüstungskontrolle in Teilen neu ersonnen werden muss. Zukünftige Rüstungskontrolle im Bereich unbemannter Systeme muss einerseits der Dual-Use-Problematik gerecht werden, andererseits aber auch die technologischen Entwicklungstendenzen einer zunehmenden Automatisierung und Steigerung von Systemfähigkeiten berücksichtigen, die zukünftig weniger über die Hardware als insbesondere über die Softwarekomponenten (Programmcode, Algorithmen, Daten etc.) bestimmt werden. Damit einhergehend muss insbesondere auch ein drohender menschlicher Kontrollverlust adressiert werden, der im Hinblick auf sowohl die Konformität mit dem Völkerrecht als auch bezüglich der sicherheitspolitischen Implikationen eine wesentliche Rolle spielt.

Insbesondere eine Rüstungs- und Exportkontrolle in Hinblick auf die Softwarekomponenten von Waffensystemen wird sich schwierig gestalten. Probate und international akzeptierte Instrumentarien zur Regulierung oder Verifikation unter anderem von Softwarecode, Algorithmen oder Datenbeständen sind bisher nicht absehbar oder durchsetzungsfähig. Die Forschung und der internationale Expertendiskurs hierzu stehen noch am Anfang. Hier finden sich auch Überschneidungen mit den Bemühungen um Rüstungskontrolle im Bereich des Cyberraums und des Weltraums.

Für die zukünftige Regulierung unbemannter Waffensysteme bedarf es einer Kombination von klassischen Instrumenten und neuen Ansätzen. Hierfür gilt es, neue Ideen zu entwickeln und kreative Lösungswege zu beschreiten:

Diskurs stärken und nötige Grundlagen schaffen: Wichtige Voraussetzung ist ein besseres Verständnis der zugrundeliegenden Technologien und der mittel- bis langfristigen Fähigkeiten und Eigenschaften von unbemannten Systemen. Daneben gilt es insbesondere, einen internationalen Konsens hinsichtlich notwendiger Verhandlungsgrundlagen zu erzielen. Einerseits beinhaltet dies eine annähernd gleiche Vorstellung von Definition und Begrifflichkeiten: Was macht *Autonomie* aus? Was soll unter *Meaningful Human Control* verstanden werden? Wie lassen sich verschiedene Entwicklungsstufen unbemannter Systeme kategorisieren und welches sind die Kriterien hierfür? Andererseits muss ein gemeinsames Bewusstsein der Risiken und sicherheitspolitischen Implikationen unbemannter Systeme vorherrschen, damit überhaupt ein ernsthaftes und allseitiges Interesse an Regulierungsmaßnahmen besteht. Auf dieser Basis gilt es dann, neue Regulierungsansätze zu ersinnen, die den Besonderheiten von unbemannten Waffensystemen und ihrer fortschreitenden Automatisierung im Kontext der Dual-Use-Problematik sowie der sicherheitspolitischen Implikationen und Risiken gerecht werden können. Neue Regulierungsansätze stehen dabei zunächst einmal immer vor einer Bewährungsprobe. Daher gilt es, den geleisteten Vertrauensvorschuss mit abgestimmten und verlässlichen Verifikationsinstrumenten zu untermauern. Dieser Prozess ist komplex und herausfordernd; er bedarf einer breiten Zusammenarbeit der Staatengemeinschaft, von Entscheidungsträgerinnen und -trägern, Politikerinnen und Politikern, Technologieexpertinnen und -experten sowie Wissenschaftlerinnen und Wissenschaftlern unter enger Einbindung der kritischen Öffentlichkeit (vgl. Vignard 2018).

Spannungsfeld „Autonomie & Kontrolle": Der Versuch, die Begriffe Autonomie oder menschliche Kontrolle international eindeutig und mit allgemeiner Gültigkeit für unbemannte Waffensysteme zu definieren und darüber auch ihr Verhältnis zueinander zu bestimmen, erscheint nach bisheriger Erfahrung wenig erfolgversprechend. Denkbar wäre stattdessen, den Diskurs um unbemannte Waffensysteme an plausiblen Einsatzszenarien festzumachen. Über eine Analyse der Kombination und Wechselwirkung von Einsatzfaktoren (wie zum Beispiel Einsatzkontext, Komplexität der Einsatzumgebung, technologische Fähigkeiten der Waffensysteme, Grad menschlicher Kontrolle) könnten so rechtlich, ethisch und/oder sicherheitspolitisch problematische Einsatzszenarien identifiziert werden. Einige Vorüberlegungen für eine solche Betrachtung existieren bereits, bedürfen aber noch einer intensiven Ausarbeitung (vgl. Dickow et al. 2015; Alwardt und Krüger 2016). Die gesammelten Erfahrungen könnten in einem zweiten Schritt auch helfen, das Spannungsverhältnis von autonomem Handeln und der menschlichen Kontrolle unbemannter Systeme insgesamt besser zu verstehen, operationelle Autonomieformen untereinander abzugrenzen und praktische Lösungsansätze zu finden, anhand derer sich immer ein erforderliches Maß menschlicher Kontrolle gewährleisten ließe.

Regulierung heutiger unbemannter Systeme: Hier gilt es, bisherige Zweifel um den Geltungsbereich bestehender Rüstungs- und Exportkontrollabkommen auszuräumen oder diese, wo möglich, konkret um heutige unbemannte Waffensysteme zu ergänzen. Im Zuge von Bemühungen um eine Wiederbelebung konventioneller Rüstungskontrolle, zum Beispiel in Form eines KSE-Nachfolgeabkommens für Europa, sollten heutige und auch zukünftige unbemannte Waffensysteme von vornherein mit adressiert werden. Konventionelle Rüstungskontrolle insgesamt sollte darauf getrimmt werden, mit zukünftigen technologischen Entwicklungen Schritt halten zu können.

Berücksichtigung zukünftiger unbemannter Waffensysteme: Aufgrund der fortschreitenden technologischen Weiterentwicklung und Automatisierung wird es zunehmend schwieriger werden, unbemannte Waffensysteme eindeutig den bisherigen Waffenrastern klassischer konventioneller Rüstungskontrolle, wie zum Beispiel den fünf Hauptwaffenkategorien des KSE-Vertrags, zuzuordnen. Die Ursachen hierfür liegen in der Dual-Use-Problematik und dem Umstand, dass militärische Potenziale in Zukunft nicht mehr allein durch die Hardware, sondern zunehmend durch Software und vernetztes Handeln bestimmt werden. Es gilt daher, neue Möglichkeiten der Kategorisierung zukünftiger unbemannter Waffensystemen zu entwickelt, die auf zusätzlichen Kriterien fußen und auch verifiziert werden können. Eine Möglichkeit wäre es, unbemannte Systeme über ihre militärischen Fähigkeiten und Eigenschaften zu kategorisieren. Unbemannte Systeme könnten dann auch entsprechend ihres militärischen Potenzials reguliert werden. Eine Einschätzung desselbigen könnte über die Untersuchung ihrer Konstruktionsweise und technologischen Komponenten erfolgen, zum Beispiel welche Rückschlüsse sie auf allgemeine Leistungsparameter, spezielle militärische Fähigkeiten, Bewaffnungskapazitäten oder den individuellen Automatisierungsgrad erlauben würden. Aller Voraussicht nach werden sich die meisten Staaten aber nicht mit solch tiefgehenden Einblicken in ihre militärische Systeme einverstanden erklären. Möglich wären auch eine äußere Inspektion und Vorführung der Systeme, wodurch sich die Eigenschaften und Fähigkeiten aber allenfalls tendenziell abschätzen ließen und damit eine grundsätzlich hohe Unsicherheit besteht.

Regulierung waffenrelevanter Schlüsselkomponenten: Die Komplexität und der Dual-Use-Charakter moderner Waffensysteme erschwert ihre Regulierung als Ganzes. Ein weiterer möglicher Hebel für rüstungskontrolltechnische Regulierungen könnte daher die Identifikation spezifischer technologischer Komponenten sein, die für bestimmte Kategorien unbemannter Waffensysteme und ihre militärischen Fähigkeiten signifikant sind. Rüstungskontrolle könnte sich so zukünftig verstärkt auf bestimmte waffenrelevante Schlüsselkomponenten oder sogar die Bewaffnung selber konzentrieren und weniger auf komplette Waffensysteme als solche. Beispiele hierfür finden sich schon im Bereich der Exportkontrolle, so werden zum Beispiel im MTCR Teilsysteme oder technologische Komponenten aufgelistet, die für den Bau militärischer ballistischer Raketen oder Drohnen eine Relevanz aufweisen und daher nicht oder nur eingeschränkt exportiert werden sollen (für Beispiele siehe Annex-Handbuch MTCR 2017).

Einsatzregeln (Rules of Engagement): International ausgehandelte Einsatzregeln für unbemannte Waffensysteme könnten eine sinnvolle Erweiterung des bisherigen Instrumentariums von Rüstungskontrolle darstellen und helfen, die potenziell destabilisierenden Wirkungen zunehmend automatisierter unbemannter Systeme einzuhegen. Solche Regeln würden nicht direkt beim unbemannten System oder seinen technologischen Bestandteilen ansetzten, sondern bei dessen Verwendung und Einsatz als Waffensystem. Sowohl die Dual-Use-Problematik als auch die Schwierigkeiten bei der definitorischen Abgrenzung von Waffensystemen könnten so ein Stück weit umgangen werden. Einsatzregeln könnten dabei an dreierlei Punkten ansetzten: räumliche Einsatzbeschränkungen, operationelle Einsatzbeschränkungen und Fähigkeitsbeschränkungen. Hiermit wäre auch ein möglicher Anknüpfungspunkt für die international diskutierten Forderungen nach einer hinreichenden menschlichen Kontrolle des Einsatzes unbemannter Waffensysteme gegeben, für die es bislang noch an einer operationalisierbaren Umsetzung fehlt. Zur Überprüfung der Einhaltung solcher Einsatzregeln existieren jedoch noch keine probaten Verifikationsmechanismen, es gibt hierzu aber einige anfängliche Überlegungen (vgl. Altmann und Gubrud 2013).

Verbot bestimmter zukünftiger Waffenkategorien: Rüstungskontrollinstrumente können auch dazu bestimmt sein, bestimmte zukünftige Entwicklungen im Bereich unbemannter Waffensysteme bereits im Vorfeld zu reglementieren oder zu verbieten. Zu solchen Instrumenten zählen einerseits die Expertengespräche zu autonomen Waffensystemen im Rahmen der CCW der Vereinten Nationen, andererseits aber auch das Konzept präventiver Rüstungskontrolle (vgl. Mutz und Neuneck 2000). Letzteres hat zum Ziel, potenziell destabilisierende Folgen zukünftiger Waffentechnologien bereits im Vorfeld auszumachen, die dahingehenden technologischen Forschungs- und Entwicklungspfade kooperativ zu reglementieren und die Stationierung bestimmter Waffensysteme von vornherein zu verhindern beziehungsweise zu verbieten. Wichtige Voraussetzung für solch präventive Vorgehensweisen wäre ein gemeinsames Bewusstsein der rechtlichen und sicherheitspolitischen Risiken von zukünftigen unbemannten Waffensystemen sowie ein kollektives Interesse an der Einhegung bestimmter Entwicklungen.

Dieses Bewusstsein scheint international noch nicht hinreichend ausgeprägt und es gilt daher, diesen Erkenntnisprozess ambitioniert voranzutreiben. Durch zunächst uni- oder multilaterale Schritte, wie unter anderem einem freiwillig erklärten Verzicht auf bestimmte unbemannte Waffensysteme, können auch einzelne Staaten wie Deutschland hierzu wegweisende Beiträge leisten.

Begrenzung der Proliferation: Das derzeitige Engagement und Interesse der Staaten hinsichtlich regulatorischer Bemühungen um die Nichtverbreitung unbemannter Waffensysteme ist nicht sehr stark ausgeprägt. In einigen Bereichen erodieren existierende Exportkontrollregime aufgrund politischer und wirtschaftlicher Interessen sogar (vgl. CNAS 2017). Im Hinblick auf die Nichtweiterverbreitung unbemannter Waffensysteme stellt die Dual-Use-Problematik ein wesentliches und bislang ungelöstes Problem dar. Denkbar ist hier die Etablierung eines internationalen Exportmonitorings, anhand dessen der Export und Import bestimmter Schlüsselkomponenten international sichtbar gemacht wird. Der Import einer Kombination dieser Schlüsselkomponenten könnte dann als Bemühung um die Entwicklung als problematisch erachteter unbemannter Waffensysteme gedeutet werden und entsprechende Exportbeschränkungen auslösen. Auch die Anwendung von *General Purpose*-Kriterien und diesbezügliche Erfahrungen aus dem Bereich der Bio- und Chemiewaffenregulierung könnten hier hilfreich sein.

Mit einer unkontrollierten Proliferation unbemannter Waffensysteme werden erhebliche sicherheitspolitische Implikationen und Risiken einhergehen. Verstärkte Bemühungen um eine Einhegung unbemannter Waffensysteme scheinen daher dringend geboten. Am nachhaltigsten erscheint hier der Ansatz einer kombinierten, nichtdiskriminierenden Rüstungs- und Exportkontrollpolitik, die sowohl existente unbemannte Waffensysteme als auch ihre horizontale und vertikale Proliferation adressiert. Gerade die Bundesregierung ist in dieser Hinsicht gefordert, auf nationaler wie auch europäischer Ebene eine Führungsrolle einzunehmen und dabei zu helfen, den zahlreichen internationalen Herausforderungen zu begegnen.

Literatur

Altmann, Jürgen und Mark Gubrud. 2013. Compliance Measures for an Autonomous Weapon Convention. https://www.icrac.net/wp-content/uploads/2018/04/Gubrud-Altmann_Compliance-Measures-AWC_ICRAC-WP2.pdf. Zugegriffen: 21. Februar 2019.

Alwardt, Christian, Una Becker-Jakob, Michael Brzoska, Matthias Dembinski, Hans-Georg Ehrhart, Jan Grebe, Margret Johannsen, Max M. Mutschler, Götz Neuneck, Hans-Joachim Schmidt, Niklas Schörnig, Simone Wisotzki und Wolfgang Zellner. 2018. Rüstungsdynamiken/Aufrüstungstrends stoppen. In: *Friedensgutachten 2018*, hrsg. von BICC, HSFK, IFSH und INEF, 85–103. Berlin: LIT.

Alwardt, Christian und Martin Krüger. 2016. Autonomy of Weapon Systems. https://ifsh.de/file-IFAR/pdf_english/IFAR_FFT_1_final.pdf. Zugegriffen: 21. Februar 2019.

Alwardt, Christian und Johanna Polle. 2018. Rüstungskontrollbemühungen zu autonomen Waffensystemen: Definitionen, Technik und sicherheitspolitische Implikationen. *Sicherheit und Frieden – Security and Peace* 36 (3): 133–139.

Center for a New American Security (CNAS). 2017. Drone Proliferation: Policy Choices for the Trump Administration. http://drones.cnas.org/wp-content/uploads/2017/06/CNASReport-DroneProliferation-Final.pdf. Zugegriffen: 21. Februar 2019.

Dickow, Marcel. 2015. Robotik: ein Game-Changer für Militär und Sicherheitspolitik?. https://www.swp-berlin.org/fileadmin/contents/products/studien/2015_S14_dkw.pdf. Zugegriffen: 21. Februar 2019.

Dickow, Marcel, Anja Dahlmann, Christian Alwardt, Frank Sauer und Niklas Schörnig. 2015. First Steps towards a Multidimensional Autonomy Risk Assessment (MARA) in Weapons Systems. https://ifsh.de/file-IFAR/pdf_deutsch/IFAR-WP20.pdf. Zugegriffen: 21. Februar 2019.

Fischer, Sophie-Charlotte. 2018. Künstliche Intelligenz: Chinas Hightech-Ambitionen. https://www.ethz.ch/content/dam/ethz/special-interest/gess/cis/center-for-securities-studies/pdfs/CSSAnalyse220-DE.pdf. Zugegriffen: 21. Februar 2019.

Gibbs, Samuel. 2017. Elon Musk leads 116 experts calling for outright ban of killer robots. https://www.theguardian.com/technology/2017/aug/20/elon-musk-killer-robots-expertsoutright-ban-lethal-autonomous-weapons-war. Zugegriffen: 25. Februar 2019.

iPRAW. 2018. Focus on the Human-Machine Relation in LAWS. https://www.ipraw.org/wp-content/uploads/2018/03/2018-03-29_iPRAW_Focus-On-Report-3.pdf. Zugegriffen: 21. Februar 2019.

Mutz, Reinhard und Götz Neuneck (Hrsg.). 2000. *Vorbeugende Rüstungskontrolle. Ziele und Aufgaben unter besonderer Berücksichtigung verfahrensmäßiger und institutioneller Umsetzung im Rahmen internationaler Rüstungsregime*. Baden-Baden Nomos.

Murfin, Tony. 2018. UAV Report: Growth Trends & Opportunities for 2019. https://www.gpsworld.com/uav-report-growth-trends-opportunities-for-2019/. Zugegriffen: 21. Februar 2019.

Neuneck, Götz. 2012. Nichtverbreitung, Abrüstung und Rüstungskontrolle. In *Einführung in die Internationale Politik*, hrsg. von Michael Staack, 737–780. 5. Aufl. Oldenbourg Wissenschaftsverlag.

New America (NA). 2019. World of Drones. Projekt-Webseite. New America. https://www.newamerica.org/in-depth/world-of-drones/. Zugegriffen: 21. Februar 2019.

Postol, Theodore A. 2019. Russia May Have Violated the INF Treaty. Here's How the United States. Bulletin of the Atomic Scientists. https://thebulletin.org/2019/02/russia-may-have-violated-the-inf-treaty-heres-how-the-united-states-appears-to-have-done-the-same/. Zugegriffen: 21. Februar 2019.

Schmidt, Hans-Joachim. 2015. Der lange Abschied Russlands von KSE. *Wissenschaft & Frieden* 2015 (2): 46–47.

Vignard, Kerstin. 2018. Manifestos and Open Letters: Back to the Future? Bulletin of the Atomic Scientists. https://thebulletin.org/military-applications-artificial-intelligence/manifestos-and-open-letters-back-future. Zugegriffen: 21. Februar 2019.

Autonome Waffensysteme – der nächste Schritt im qualitativen Rüstungswettlauf?

Jürgen Altmann

1 Einführung

Die Informations- und Kommunikationstechnik spielt in modernen Streitkräften eine zunehmende und mittlerweile zentrale Rolle. Auch auf diesem Feld der militärischen Forschung und Technik führen die USA. Das liegt vor allem an ihrem erklärten Ziel, eine „entscheidende militärische Überlegenheit" zu erlangen, „um jeden Gegner auf jedem Schlachtfeld zu besiegen" (US-Verteidigungsministerium 2012a; vgl. auch Hagel 2014). Das drückt sich dann auch in der Höhe der Ausgaben für militärische Forschung und Entwicklung aus: Während die USA etwa 40 Prozent der Weltrüstungsausgaben tragen, beträgt ihr Anteil bei militärischer Forschung und Entwicklung etwa zwei Drittel (vgl. u. a. Altmann 2017).

Seit Jahrzehnten gibt es stetige Fortschritte in der Informations- und Kommunikationstechnik-Hard- und Software. Im Militärbereich haben diese in den 1980er Jahren zu präzisionsgelenkten Flugkörpern und in den 2000er Jahren zu Kampfdrohnen geführt, die bisher in der Angriffsfunktion noch von Menschen ferngesteuert werden. Die Maschinenautonomie wird aber auch für die Waffenauslösung anvisiert; in Forschung und Entwicklung wird intensiv daran gearbeitet. Ein Teilbereich der Forschung umfasst sogenannte Schwärme, die durch Angriffe von vielen Seiten die Kampfkraft erheblich erhöhen könnten (vgl. Scharre 2014; Hambling 2015). Autonome Waffensysteme (AWS) wären in der militärischen Logik der nächste Schritt der militärtechnischen Entwicklung.

Eine Einführung von AWS würde aber schwere Gefahren mit sich bringen, zunächst für das Kriegsvölkerrecht: Dass ein Computer über das Töten von Menschen entscheiden dürfte, stellt ein grundsätzliches ethisches Problem dar. AWS würden sich schnell weiterverbreiten, verbunden mit einem quantitativen und qualitativen Wettrüsten. Durch die Beschleunigung der Kampfereignisse würde die Rolle des Menschen zurückgehen. Auch würde der Druck zu schneller computergesteuerter Reaktion die militärische Situation zwischen möglichen Gegnern destabilisieren. Im Folgenden werden diese Aspekte näher beleuchtet, dabei werden auch Elemente eines internationalen AWS-Verbots vorgestellt.

2 Autonome und automatische Waffensysteme

Autonome Waffensysteme (AWS) sind solche, in denen die kritischen Funktionen von Zielauswahl und -bekämpfung ohne Steuerung durch Menschen ausgeführt werden. So definiert das US-Verteidigungsministerium (2012b) autonome Waffen als „ein Waffensystem, das nach Aktivierung ohne weiteren menschlichen Eingriff Ziele auswählen und angreifen kann". Wenn man an die „Auswahl" keine besonderen Anforderungen stellte, wären Minen die einfachsten AWS; sie reagieren auf einen einzigen Reiz (ausreichende Gewichtskraft) mit nur einer möglichen Aktion (Explosion). Üblicherweise denkt man bei AWS aber eher an eine aufwändigere Erkennung geeigneter beziehungsweise legitimer Ziele in einer komplexen Umgebung. Das bedeutet zunächst die Aufnahme von Umgebungseigenschaften durch verschiedene Sensoren, gegebenenfalls auch die Einbeziehung von Informationen von anderen Stellen. Dann würden diese Daten zum Finden und zur Erkennung von feindlichen Soldatinnen und Soldaten sowie Systemen verarbeitet. Darauf würde die Entscheidung folgen, ob und auf welche Art sie bekämpft werden sollen, und der entsprechende Angriff würde ausgelöst. Schließlich würden gegebenenfalls – wenn das AWS sich nicht beim Angriff zerstört – die Angriffswirkungen beobachtet und entsprechende Schlussfolgerungen berechnet. Solche AWS gibt es noch nicht, aber Vorformen existieren als Waffensysteme mit automatischem Modus, in der Regel zur Nutzung in einer einfachen Umgebung unter Bedingungen, bei denen die menschliche Reaktionszeit zu groß wäre. Das betrifft vor allem die Abwehr von Schiffszielflugkörpern etwa durch automatische Maschinenkanonen wie das US-System Phalanx oder Abfangflugkörper gegen Flugzeuge und Flugkörper beziehungsweise Raketen wie das US-System Patriot. Solche Systeme werden in Abgrenzung zu autonomen in der Regel als „automatische" bezeichnet. Sie reagieren – nachdem ein menschliche Bediener den Automatikmodus eingeschaltet hat – nach einfachen, vorprogrammierten Regeln: Sie suchen in einer weitgehend leeren Umgebung nach sich bewegenden Objekten. Wird eines erkannt, das das zu schützende Objekt oder Gebiet schnell erreichen kann, richten sie die Kanone so aus, dass die Geschosse dieses treffen werden und schießen beziehungsweise starten einen Abfangflugkörper, lenken diesen in die Nähe des ankommenden Objekts und zerstören es (durch eine Sprengladung oder ein direktes Auftreffen).

Automatische Systeme können mit der Zeit mit immer aufwändigerer Sensorik und komplexeren Algorithmen ausgestattet und für komplexere Szenarien vorgesehen werden, so dass sich im Übergang zu „echten" AWS ein Spektrum beziehungsweise ein Graubereich ergibt, in dem zum Beispiel für ein AWS-Verbot bestimmte Grenzen definiert werden müssen, wenn man herkömmliche automatische Waffensysteme zur Abwehr schnell ankommender Bedrohungen als Ausnahmen erlaubt halten möchte (vgl. Abschnitt 8).

Mit AWS sind eine Reihe militärischer Vorteile verbunden: Wie schon bei ferngesteuerten, unbemannten Waffensystemen wären die eigenen Soldatinnen und Soldaten nicht der unmittelbaren Feindwirkung ausgesetzt. AWS bräuchten keine Fernsteuerverbindung für den Einsatz, eine solche kann also nicht durch Feindstörung unterbrochen werden, und die Systeme sind schwerer zu entdecken. Reaktionen auf Ereignisse und Feindhandlungen könnten weitaus schneller erfolgen als bei einer Fernsteuerung. Auch wäre der Bedarf an militärischem Personal erheblich geringer. In Schwärmen eingesetzte AWS versprechen eine deutlich erhöhte Kampfkraft. Wenn AWS ihre Steuerprogramme aufgrund gemachter „Erfahrungen" anpassen („lernen") würden, könnten solche Änderungen schnell an viele andere AWS übertragen werden. Aus diesen Gründen besteht eine starke militärische Motivation für AWS, die sich verstärken kann, wenn befürchtet werden muss, dass mögliche Gegner AWS einsetzen.

Aber es gibt aus militärischer Sicht auch Nachteile: Kontroll- und Steuerungsmöglichkeiten würden verloren gehen. Insbesondere bei lernenden AWS wären ihre Aktionen nicht vorhersehbar. Ob AWS das Kriegsvölkerrecht einhalten könnten, ist zumindest unklar. Daher sind militärische Befehlshaberinnen und Befehlshaber nur bedingt an AWS interessiert, würden aber im Zweifel der militärischen Wirksamkeit Vorrang geben.

Es gibt schon Prototypen stationärer Wachroboter (zum Beispiel Samsung SGR-A1, stationiert in der entmilitarisierten Zone in Südkorea), die – wenn bisher auch nicht so betrieben – autonom schießen könnten. Solche ortsfesten Systeme wären nicht für den bewaffneten Konflikt vorgesehen, würden aber die Menschenrechte massiv gefährden. Manche Flugkörper verfügen über Zielerkennungssysteme, die gewährleisten sollen, dass sie nur gewollte beziehungsweise „richtige" Ziele angreifen. Das gilt für solche, die wegen zu großer Zielentfernung nicht von der abschießenden Plattform aus (zum Beispiel über Laserzielbezeichner) ins Ziel gelenkt werden können oder die nicht auf ortsfeste Ziele mittels deren Koordinaten programmiert werden können. So funktioniert der Schiffszielflugkörper LRASM *(Long Range Anti Ship Missile)* der US Navy mit einigen hundert Kilometern Reichweite wie auch der britische Luft-Boden-Flugkörper Brimstone gegen Panzer (35 km). Für den in Großbritannien in Entwicklung befindlichen, unbemannten Kampfflugzeug-Demonstrator Taranis wurde zunächst angegeben, er werde vollständig autonom fungieren. Später betonte die britische Regierung, Angriffe würden erst nach menschlicher Billigung erfolgen. Inzwischen bereiten die Entwickler des um 2030 zu stationierenden Nachfolgesystems FCAS sich darauf vor, dass diese Einschränkung in Zukunft wegfallen könnte (vgl. Dean 2016).

3 AWS und Kriegsvölkerrecht

Technisch gesehen ist es leicht, ein System zu bauen, das auf ein einfaches Signal hin eine Waffe auslöst. Die Schwierigkeit liegt darin, sicherzustellen, dass im bewaffneten Konflikt das Kriegsvölkerrecht eingehalten wird. Die Grundvorschriften des Kriegsvölkerrechts verlangen die Beschränkung auf das militärisch Notwendige, die Unterscheidung zwischen Kombattanten und Nicht-Kombattanten sowie die Proportionalität zwischen angestrebtem militärischem Vorteil und den zu erwartenden Kollateralschäden, sollten zivile Personen oder Objekte von einem Angriff betroffen werden. Außer in sehr einfachen Szenarien ist zur Beurteilung einer Situation sowohl militärische als auch allgemeine menschliche Erfahrung in erheblichem Umfang nötig. Man denke an Kämpfer, die zivile Fahrzeuge benutzen oder sich unter die zivile Bevölkerung mischen, an das Erkennen, ob Kämpfer sich ergeben wollen, oder an die Deutung von Körpersprache in verschiedenen Kulturen. Lassen sich aber diese Erfahrungen in Computerprogramme umsetzen, die genaue Wenn-Dann-Regeln benötigen, gegebenenfalls mit der Berechnung beziehungsweise Abschätzung von Wahrscheinlichkeiten? Wie verhält es sich mit der Reaktion auf beim Programmieren nicht einkalkulierte Ereignisse beziehungsweise beim Zusammentreffen nicht vorhergesehener Bedingungen?

Selbst der Robotikforscher Ronald Arkin, der für die Entwicklung solcher Programme eintritt und daran gearbeitet hat, nennt fünf verbleibende „furchterregende Probleme" (Arkin 2009, S. 211f.; Übersetzung d. Verf.): die Übertragung von Kriegsrecht und -regeln in Algorithmen, Mechanismen zur strikten Setzung ethischer Grenzen, Wahrnehmungsverfahren für überlegene Zielunterscheidung, Techniken zur Anpassung ethischer Beschränkungen nach Normverletzungen und ein Mittel, die Zuordnung der Verantwortlichkeit für alle Seiten deutlich zu machen.

Es besteht die Gefahr, dass diese vorsichtig formulierten kritischen Bemerkungen nicht wahrgenommen werden und die Tatsache, dass an der Lösung geforscht wird, schon als Aussicht auf eine baldige Lösung verstanden wird. Auch kann solche Forschung als Argument gegen ein vorbeugendes Verbot von AWS benutzt werden, was wegen der starken militärischen Motive für AWS zu einer schleichenden Einführung dieser führen könnte, die wiederum nur schwer rückgängig gemacht werden könnte.

Es gibt auch fachliche Kritik an Arkins Ansatz: Sein Softwaresystem verlasse sich auf Informationen von noch zu entwickelnden Systemen; es habe keine Sensoren und Mittel, etwa zwischen Kombattanten und Nicht-Kombattanten zu unterscheiden. Die Art gesunden Menschenverstands und Schlachtfeld-Bewusstseins, die für Betrachtungen zum Unterscheidungs- und Proportionalitätsgebot gefordert ist, könne das System nicht leisten. Es gebe keine Methode zur Interpretation des Kriegsvölkerrechts in spezifischen Situationen und keine zur Auflösung von Zweideutigkeiten bei sich widersprechenden Rechtsvorschriften in neuen Situationen. Zudem mobilisiere die Benutzung menschlicher Ausdrücke wie Schuld, Trauer, Reue oder Mitleid für Computer und Roboter Kulturmythen der Künstlichen Intelligenz, als ob die Maschine emotionale Zustände habe. Dies stütze die Auffassung, eine technische Lösung der moralischen Probleme autonomen Tötens stehe kurz bevor (vgl. Sharkey 2012).

Peter Asaro (2012) betonte das grundsätzliche Argument, sowohl das Kriegsvölkerrecht als auch die internationalen Menschenrechte beruhten auf der – unausgesprochenen, da bisher selbstverständlichen – Grundannahme, dass Menschen die Entscheidungen über die Anwendung tödlicher Gewalt treffen. Daher gebe es eine moralische wie auch rechtliche Verpflichtung, diese Entscheidungen nicht an Maschinen zu delegieren.

Die Frage, ob überhaupt jemals Computer Beurteilungs- und Entscheidungsfähigkeiten wie die von Menschen erreichen können, ist unter Expertinnen und Experten umstritten. Dass Künstliche Intelligenz schnelle Fortschritte macht, ist offensichtlich. Aber es lässt sich mit ziemlicher Sicherheit voraussagen, dass man sich nicht darauf verlassen kann, dass kriegsvölkerrechtskonforme AWS innerhalb der nächsten ein bis zwei Jahrzehnte erreicht werden können. Daher sollten gegenwärtige Entscheidungen über ein Verbot nicht mit dem Verweis auf eventuell künftig mögliche Entwicklungen aufgeschoben werden. Andernfalls besteht die Gefahr, dass AWS unter militärischem Druck, insbesondere auch durch das Wettrüsten, vorschnell eingeführt werden, ohne die Folgen zu berücksichtigen beziehungsweise später auf diese reagieren zu können.

Ein besonderes Problem stellt die Erprobung von AWS dar. Während bei herkömmlichen Waffensystemen die Wirkung genau bestimmt werden kann, wäre bei AWS auch die Einsatzentscheidung in das System verlegt, so dass die möglichen Effekte – in Wechselwirkung mit der Umgebung sowie mit gegnerischen Aktivitäten – bei Erprobungen nicht vollständig erfasst werden können. Zur Minimierung von Systemversagen, das zu unbeabsichtigten Angriffen oder zum Verlust der Steuerung führen könnte, verlangt das US-Verteidigungsministerium bei möglichen zukünftigen AWS für Hard- und Software strenge Verifikation und Validierung[1] sowie realistische Tests und Evaluationen einschließlich der Analyse unvorhergesehenen, emergenten Verhaltens[2] durch die Wirkungen komplexer Einsatzumgebungen auch durch adaptive Gegner (vgl. US-Verteidigungsministerium 2012b). Es lässt sich allerdings bezweifeln, ob das so möglich ist. Schließlich hat ein kompetenter Gegner viele technische und operative Möglichkeiten für Gegenmaßnahmen und Überraschungen, die auch bei großen Bemühungen im Vorfeld nicht vollständig berücksichtigt werden können.

---

1 In der Softwarequalitätssicherung bedeutet Verifikation die Überprüfung, dass ein Computerprogramm die beim Entwurf festgelegten Spezifikationen erfüllt. Validierung ist die Prüfung, ob das Programm für den Einsatzzweck geeignet ist.
2 Emergent nennt man das Verhalten eines komplexen Systems, das sich durch Wechselwirkungen zwischen Systemkomponenten und ggf. externen Einflüssen ergibt bzw. entwickelt. Das geschieht u. a. bei einem Schwarm aus Elementen, die relativ einfachen Regeln folgen, der aber als Gesamtheit komplexes Verhalten zeigt, in der Natur u. a. bei Vögeln, Fischen oder Ameisen. Emergentes Verhalten kann auch bei Computersoftware aus der Wechselwirkung zwischen vielen Einzelprogrammen entstehen.

Von daher muss befürchtet werden, dass manche Gefahren von AWS erst im Einsatz deutlich würden und damit ein Teil der Erprobungsrisiken auf die möglichen Opfer verlagert würde.

4 Zur Proliferation von AWS

Da es AWS im eigentlichen Sinn noch nicht gibt, kann man für die zu erwartende Weiterverbreitung nicht auf reale Erfahrungen zurückgreifen. Aber es lässt sich auf den Aufwuchs bei Drohnen und insbesondere bei Kampfdrohnen verweisen. Inzwischen besitzen über 90 Staaten Drohnen. Die Zahl der Länder mit *bewaffneten* Drohnen ist von 3 im Jahr 2007 über 8 im Jahr 2014 auf 25 im Jahr 2018 gestiegen, und die Zahl wächst stetig weiter (vgl. World of Drones 2019; dort sind 29 Länder aufgeführt, von denen vier einen noch nicht einsatzfähigen Technologiedemonstrator entwickeln).

Angesichts dieser Entwicklung erscheint es plausibel, dass es auch bei AWS eine schnelle Weiterverbreitung geben würde, wenn es zu ersten Stationierungen – wahrscheinlich zuerst in einfachen Umgebungen, etwa auf hoher See – käme. Dabei ist zu erwarten, dass manche Länder schneller vorangehen würden, was dann aber über das Argument, man dürfe nicht zurückfallen, auch die Stationierung bei eigentlich eher vorsichtigen Ländern vorantreiben würde. Auch würde bei mangelnder Transparenz – ähnlich wie im Kalten Krieg bei „Bomber- und Raketenlücken" – mit „AWS-Lücken" argumentiert werden (erste Andeutungen zum Beispiel bei Kania 2017). Entsprechendes ist auch zu erwarten, wenn es um die Ausweitung auf komplexere Umgebungen geht. Wenn eine solche Dynamik erst einmal begonnen hätte und die Streitkräfte sich von AWS abhängig fühlen würden, wäre es extrem schwierig, die qualitativen und quantitativen, globalen wie regionalen AWS-Rüstungswettläufe zu begrenzen oder gar rückgängig zu machen.

5 Rolle des Menschen

In stark asymmetrischen Szenarien mit einer Luft- und Funküberlegenheit auf einer Seite könnte diese sich leisten, die Einsätze von AWS durch Menschen eng überwachen zu lassen. In solchen Szenarien besteht aber kaum eine militärische Motivation zu Autonomie; die gegenwärtig genutzte Fernsteuerung beim Angriff würde weiterhin ausreichen. AWS werden nicht für die sogenannten neuen Kriege, sondern vor allem für den Kampf mit einem mehr oder weniger ebenbürtigen Gegner entwickelt: Die Funkverbindungen können gestört sein, Übertragungs- und Entscheidungszeiten von wenigen Sekunden können schon den Verlust der eigenen Systeme bewirken, gegnerische Kampfsysteme sollen durch Schwärme von allen Seiten angegriffen werden, allgemein sollen AWS einen entscheidenden Vorteil im Kampf bringen. Dieser Vorteil würde zunächst nur so lange vorhalten, wie mögliche Gegner nicht über gleichwertige Systeme verfügten. Ein solcher technischer Vorsprung ist allerdings nur zu halten, wenn laufend qualitativ aufgerüstet wird. Bezüglich AWS erzeugt das die Motivation zu qualitativer Weiterentwicklung und Beschleunigung sowie quantitativer Ausweitung, gegebenenfalls auch in neue Bereiche wie etwa Kleinstsysteme, die billig hergestellt und in großer Stückzahl stationiert beziehungsweise nachproduziert werden könnten (vgl. Altmann 2006).

Nach einer ersten Einführung von AWS würden deren Einsätze so weit wie möglich durch Menschen geplant und überwacht. Auch bei allgemeiner Verbreitung von AWS würde es das Bestreben geben, das Kriegsgeschehen durch Menschen zu verfolgen und zu steuern, insbesondere auch Eskalationen – vor allem im Nuklearbereich – zu kontrollieren. Aber das würde wahrscheinlich umso schwieriger, je komplexer und zahlreicher die AWS-Streitkräfte wären und je weniger Entscheidungszeit bliebe, eigene Verluste zu minimieren. Schon 2001 wurde vorhergesagt, „die jetzt am Horizont sichtbaren Militärsysteme (einschließlich Waffen) werden zu schnell, zu klein, zu zahlreich sein und werden ein Umfeld schaffen, das zu komplex ist, um von Menschen gesteuert zu werden" (Adams 2001, S. 58, Übersetzung d. Verf.). Der Druck, innerhalb von Sekunden oder gar Millisekunden zu einem umfassenden Überblick und einer koordinierten Aktion und Reaktion zu kommen, kann dazu führen, dass taktische, aber auch strategische Entscheidungen durch Algorithmen in Computernetzen gefällt werden müssen. Durch unvorhergesehene Bedingungen und unkontrollierte Wechselwirkungen zwischen zwei Systemen der Gefechtssteuerung können sich Ereignisketten ergeben, die nicht vorhersehbar sind (vgl. Abschnitt 6).

Auf mittlere Sicht wird es weiterhin menschliche Besatzungen in Panzern, einigen Kampfflugzeugen, auf vielen Kriegsschiffen und U-Booten geben. Gegenwärtig planen die US-Streitkräfte vor allem die Bildung von Teams aus Menschen und unbemannten Systemen. Kann in der weiteren Zukunft das Kriegsgeschehen aber auf Schlachten zwischen Roboterarmeen beschränkt bleiben, ohne tote Soldatinnen und Soldaten sowie Zivilistinnen und Zivilisten? Solche heute hypothetischen Fragen sollten in Gedankenexperimenten für verschiedene plausible Szenarien gründlicher erforscht werden. Aber schon zum jetzigen Zeitpunkt lassen sich Argumente finden, warum eine solche Konstellation wenig wahrscheinlich sein dürfte:

- Für viele Einsätze würden auch weiterhin Soldatinnen und Soldaten benötigt, etwa für den Kampf in Städten. Sie wären vorrangige Ziele für gegnerische Streitkräfte (sowohl menschliche Kämpferinnen und Kämpfer als auch ferngesteuerte und autonome Waffensysteme).
- Auch bei weitgehend aus Robotern bestehenden Streitkräften würden Menschen in Führungszentren (auf allen Ebenen) arbeiten. Diese Zentren wären ebenfalls vorrangige Ziele.
- In einem Krieg zwischen Großmächten ist ein Kernwaffeneinsatz zur Abwendung einer Niederlage nach wie vor möglich; er wird geplant und vorbereitet. Selbst wenn die Waffen nur auf militärische Ziele gerichtet würden, ist mit massiven zivilen Schäden zu rechnen, etwa durch radioaktiven *Fallout*. Sie wären erheblich höher, würde die Abschreckungsoption des Angriffs gegen Bevölkerungszentren umgesetzt.
- Ein zukünftiger, hauptsächlich auf AWS gestützter Krieg würde sehr wahrscheinlich auch Cyber- und physische Angriffe auf die

IT-Infrastruktur des Gegners, die in der Regel für zivile und militärische Zwecke genutzt wird, umfassen. Zerstörungen würden hier die zivile Wirtschaft wie die Versorgung der Bevölkerung mit lebenswichtigen Waren und Dienstleistungen massiv stören oder sogar zusammenbrechen lassen, mit entsprechend großen Verlusten unter der Zivilbevölkerung.

6 Die Tendenz zur militärischen Destabilisierung

Die militärische Situation kann auch bei erheblicher gegenseitiger Bedrohung als stabil bezeichnet werden, sofern es keinen Druck zu schneller Reaktion gibt. Destabilisierung liegt dagegen vor, wenn ein solcher Druck vorliegt und steigt. Das ist besonders relevant in einer schweren Krise, wenn ein Abwarten auf den gegnerischen Angriff mit der Gefahr einhergeht, wichtige Teile der eigenen Streitkräfte zu verlieren. Dann kann es vorteilhaft – oder zumindest am wenigsten nachteilig – erscheinen, selbst derjenige zu sein, der als erster entschieden zuschlägt. Solche Überlegungen wurden in Bezug auf Nuklearwaffen im Kalten Krieg und danach angestellt (vgl. u. a. US OTA 1985, S. 119 f.) und haben zur Begrenzung von Raketenabwehr durch den ABM-Vertrag (1972–2002) und zur Reduzierung strategischer Nuklearwaffen einschließlich des Abbaus von Mehrfachgefechtsköpfen auf Raketen (START I-Vertrag von 1991; New START von 2010) geführt.

Beim Kampf zwischen AWS-Streitkräften, die sich nahe beieinander befinden, können Sekunden oder -bruchteile darüber entscheiden, ob die eigenen Systeme zerstört werden oder ihre Waffen noch starten können (zum Folgenden vgl. Altmann und Sauer 2017). Die Aktionen und Reaktionen von AWS, insbesondere auch von AWS-Schwärmen, müssten durch im Voraus geschriebene Computerprogramme gesteuert werden. In einer schweren Krise müssten die Systeme sehr schnell auf Anzeichen eines Angriffs reagieren – durch Ausweichen oder einen Gegenangriff. Dabei sind Fehlwahrnehmungen möglich. Zum Beispiel könnten Sonnenreflexe, die als Raketenflamme gedeutet werden, plötzliche unerwartete

Bewegungen des Gegners oder einfache Fehlfunktionen den eigentlich von keiner Seite gewollten Krieg auslösen.

Solche Wechselwirkungen zwischen zwei getrennten Systemen der automatischen Gefechtsführung können prinzipiell nicht vorher erprobt oder geübt werden. Was passieren würde, kann nicht vorhergesagt werden, eine schnelle, unkontrollierte Eskalation wäre aber eine plausible Folge. Ähnlich schnelle Katastrophen hat es an Börsen gegeben, als zwei oder mehr Computer-Kaufs- und -Verkaufsprogramme mit- beziehungsweise gegeneinander agierten. An den US-Börsen wurden inzwischen Sicherungen eingeführt; die Aufsicht kann den Computerhandel unterbrechen, wenn sie Anzeichen für eine krisenhafte Entwicklung sieht. Im internationalen System gibt es jedoch keine übergeordnete Autorität, die einen einmal begonnenen Eskalationsprozess aufhalten könnte.

Abgesehen von ungewollter Eskalation bringen AWS Motive für geplante Angriffe, einschließlich überraschender. Das liegt erstens an der höheren Bereitschaft zur Gewaltausübung, wenn weniger eigene Soldatinnen und Soldaten gefährdet werden (vgl. Sauer und Schörnig 2012); dies gilt schon bei ferngesteuerten Waffensystemen. Zweitens wären AWS schwerer zu entdecken, da weder die Bewegung zum Ziel noch der Angriff eine Funkverbindung benötigt. Drittens müssen AWS nicht extrem teuer sein, insbesondere wenn viele kleine AWS in Schwärmen auftreten würden. Ob bei gleichen Aufwendungen beziehungsweise gleicher bewegter Masse viele kleine oder wenige große Elemente mehr Kampfstärke bringen würden, ist gegenwärtig unklar. Viertens wäre eine Verteidigung gegen Schwärme schwierig, da diese mit hohen Zahlen von allen Seiten gleichzeitig angreifen könnten.

7 Ausweg: ein vorbeugendes Verbot von AWS mit Verifikation

Das internationale System ist weiterhin im Grundsatz anarchisch, ohne übergeordnete Autorität, die Regeln für den Umgang mit (neuen) Waffen verbindlich beschließen und deren Einhaltung mit einem Monopol legitimer Gewalt durchsetzen könnte. Daher besteht ein Sicherheitsdilemma: Die Versuche von Staaten, sich durch eigene Streitkräfte gegen Angriffe anderer zu sichern, erhöhen fast immer die gegenseitige Bedrohung. Ein genereller Ausweg liegt in der freiwilligen, internationalen Rüstungsbegrenzung, die in der Regel angemessene Überprüfungsmöglichkeiten voraussetzt. Für noch nicht eingeführte neue Waffenarten, die negative Folgen für die internationale Sicherheit bringen würden, ist präventive Rüstungskontrolle nötig (vgl. Altmann 2005, Abschn. 4; 2006, Kap. 5; 2008). Präventive Elemente sind in einer Reihe von Rüstungskontrollverträgen enthalten, etwa bei den Entwicklungs- und Testverboten in den B- und C-Waffen-Übereinkommen oder beim vollständigen Kernwaffen-Teststopp. Ein Verbot von AWS könnte durch ein Protokoll VI zum VN-Waffen-Übereinkommen (CCW von 1980) vereinbart werden, für das es im Protokoll IV zum Verbot von Laserblendwaffen ein gutes Vorbild gibt (vgl. Protocol 1995). Ein negatives Verbot autonomer Angriffe könnte durch ein „positives" Gebot bedeutsamer menschlicher Steuerung jedes einzelnen Angriffs ergänzt werden (vgl. Abschnitt 8).

Für die Verifikation wäre es am besten, alle bewaffneten, unbemannten Systeme – also auch die ferngesteuerten – zu verbieten. Dann könnten bei Inspektionen zum Beispiel Aufklärungsdrohnen daraufhin überprüft werden, ob sie über einen Bombenschacht oder Aufhängepunkte für Flugkörper verfügen (vgl. Altmann 2013). Allerdings besitzen schon über 25 Länder bewaffnete Drohnen, die Zahl wird weiter steigen – und auch Deutschland hat beschlossen, bewaffnete Drohnen zu beschaffen sowie (mit anderen europäischen Ländern) zu entwickeln. Kampfdrohnen wieder abzuschaffen, ist auf absehbare Zeit unrealistisch. Daher blieben bei einem Verbot von AWS ferngesteuerte, unbemannte Waffensysteme erlaubt. Sie könnten identisch zu verbotenen sein und hätten auch autonome Funktionen (etwa für Start, Flugbahn, Landung); der einzige Unterschied läge in der Steuerung von Angriffen. Dass ein System seine Waffen nur ferngesteuert und nicht unter Computersteuerung auslösen kann, könnte prinzipiell durch Inspektion des Steuerprogramms überprüft werden. Eine Offenlegung der Computerprogramme militärischer Systeme würde aber von keiner Streitkraft akzeptiert werden. Außerdem könnte nach einer Inspektion – oder auch erst kurz vor einem Einsatz – ein modifiziertes Steuerprogramm in das System geladen werden. Daher ist es bei einem Land, das unbemannte bewaffnete Fahrzeuge besitzt, im Vorhinein praktisch unmöglich zu überprüfen, dass diese nicht auch autonom angreifen können. Die einzige Möglichkeit wäre, im Nachhinein zu prüfen, ob Angriffe durch Menschen gesteuert wurden.

Zum Beweis würde jedes kriegführende Land die Sensor- und Kommunikationsdaten des jeweiligen ferngesteuerten Kampffahrzeugs und der von Menschen besetzten Steuerstation sowie die Handlungen darin national, in einem „schwarzen Kasten", aufzeichnen. Parallel würden Kontrolldaten (sogenannte Hash-Kodes) in einem „gläsernen Kasten" gespeichert und regelmäßig der Verifikationsorganisation übertragen. Sie würden bei einer späteren Überprüfung zum Beweis der Echtheit und Vollständigkeit der dann übergebenen Originaldaten dienen. Da letztere daraus nicht rekonstruiert werden können, könnte ein Gegner aus den Kontrolldaten keinen militärischen Vorteil ziehen, selbst wenn er sich Zugang verschafft hätte.

Details eines solchen Verfahrens sind noch zu erforschen, entwickeln und erproben. Es würde mit Inspektionen und Manöverbeobachtungen gekoppelt und mehr Kooperation erfordern als bisher für Inspektionen, etwa im Rahmen des Vertrags über Konventionelle Streitkräfte in Europa (KSE-Vertrag), üblich. Es könnte genügend Transparenz für verlässliche Überprüfung schaffen, aber auch die geforderte militärische Geheimhaltung gewährleisten. Der Aufwand wäre nicht vernachlässigbar, aber bei unbemannten Waffensystemen werden ähnliche Daten schon jetzt national routinemäßig aufgezeichnet. Die Glaskästen und zugehörige Kommunikation wären zu ergänzen.

Staaten mit ferngesteuerten, unbemannten Waffensystemen könnten ein solches Verfahren akzeptieren, wenn sie davon überzeugt wären, dass ein zuverlässig verifizierbares Verbot von AWS mehr ihrem Sicherheitsinteresse entspräche als ein unbegrenztes

Wettrüsten und eine massiv gesteigerte, gegenseitige Bedrohung mit extrem kurzen Entscheidungszeiten.

8 Elemente eines internationalen AWS-Verbots

Ein Verbotsabkommen sollte wie im letzten Abschnitt schon angedeutet folgende Elemente enthalten (vgl. Gubrud und Altmann 2013):

Präambel: Die Mitgliedsstaaten bekräftigen den Grundsatz, dass Gewaltanwendung im bewaffneten Konflikt immer durch Menschen gesteuert werden muss. Sie erklären, dass das Verbot von AWS zur Verhinderung eines Wettrüstens und zur Stärkung des Friedens und der internationalen Stabilität beitragen soll. – In ähnlicher Weise spricht die Präambel des CCW-Übereinkommens von „internationale[r] Entspannung", der „Beendigung des Wettrüstens" und vom „Fortschritt in Richtung auf allgemeine und vollständige Abrüstung".

Definition: Ein AWS ist ein Waffensystem, das nach Aktivierung ohne weiteren menschlichen Eingriff Ziele auswählen und angreifen kann. – Diese Definition ist rein auf die Funktion bezogen und unabhängig vom Grad der Komplexität der Sensorik und Datenverarbeitung, enthält also auch Systeme mit sehr einfachen Formen der Zielerkennung. Diese Definition ist identisch mit der des US-Verteidigungsministeriums (vgl. US-Verteidigungsministerium 2012b).

Verbote: AWS dürfen nicht eingesetzt, stationiert, hergestellt, beschafft, gelagert, weitergegeben, erprobt oder entwickelt werden.

Gebot: Jeder einzelne Angriff mit einem unbemannten Waffensystem muss von einem verantwortlichen, rechenschaftspflichtigen Menschen gesteuert werden.

Ausnahmen: Sehr einfache Systeme wie Flugkörper mit Näherungszünder oder Infrarotsuchkopf und Minen sowie Abwehrsysteme mit Automatikmodus, die ein/e mit Menschen besetzte Position oder Fahrzeug gegen schnell anfliegende Bedrohungen verteidigen und schnellere Entscheidungen benötigen, als ein Mensch leisten kann, sind von den Verboten ausgenommen. – Dies ist ähnlich zur Erlaubnis des US-Verteidigungsministeriums. Danach dürfen von Menschen beaufsichtigte AWS zur Abwehr von zeitkritischen oder Sättigungs-Angriffen, zur statischen Verteidigung von mit Menschen besetzten Positionen sowie zur Verteidigung an Bord von mit Menschen besetzten Plattformen eingesetzt werden. Menschen dürfen aber nicht als Ziel ausgewählt werden (vgl. US-Verteidigungsministerium 2012b). Minen werden erwähnt, da Panzer- und Seeminen bisher nicht verboten sind.

Eine *Organisation* für das Verbot von AWS wird gegründet, die das Abkommen umsetzt und Meldungen der Staaten verwaltet, die Verifikation organisiert, Beratungen und Untersuchungen durchführt sowie den technischen Fortschritt bei unbemannten Waffen, autonomen Systemen allgemein und bei Verifikationsmethoden verfolgt. – Hier kann die Organisation für das Verbot Chemischer Waffen mit ihrer Wissenschaftlichen Beratungsgruppe als Vorbild dienen.

Verifikation: Für die Überprüfung der Einhaltung des Abkommens sind Datenaustausch, Vor-Ort-Inspektionen sowie die Beobachtung von Übungen vorgesehen, sowohl durch die Organisation als auch durch andere Staaten. Hier können die Regeln für konventionelle Waffensysteme der Landstreitkräfte in Europa des KSE-Vertrags von 1990 und des Wiener Dokuments von 2011 der OSZE als Vorbilder dienen. Der Datenaustausch würde umfassen: schon vorhandene AWS und Waffensysteme mit automatischem Modus; je zu aktualisierende Listen der ferngesteuerten, unbemannten Waffensysteme (Typen, Eigenschaften, Bestände); gegebenenfalls auch die Umsetzung durch nationale Gesetze. Für die spätere Nachprüfung, ob jeder Angriff durch ein unbemanntes Waffensystem von einem verantwortlichen, rechenschaftspflichtigen Menschen gesteuert wurde, speichert jeder Mitgliedstaat für jeden solchen Angriff die Sensor-

und Kommunikationsdaten des Waffensystems, die der Steuerperson dargebotenen Video- und anderen Daten sowie Videoaufnahmen der Steuerperson und ihrer Handgriffe an der Steuerkonsole, dazu Namen und Dienstgrad der Steuerperson und der befehlshabenden Person. Gleichzeitig erzeugt er nach dem festgelegten Verfahren einen Hash-Kode über alle diese Daten und speichert ihn mit Zeitstempel in einem für alle Seiten transparenten Speichergerät. Der Staat überträgt diese Hash-Kodes mit Zeitstempel regelmäßig an die Organisation. Nach angemessener Frist darf die Organisation die Originaldaten verlangen – nach dem Zufallsprinzip oder bei Verdacht – und prüfen, ob sie den richtigen Hash-Kode ergeben und der Angriff durch einen Menschen gesteuert wurde.

9   Die deutsche Haltung zu AWS

In den seit 2014 im Rahmen des CCW-Übereinkommens jährlich stattfindenden Expertentreffen zu „Lethal Autonomous Weapon Systems (LAWS)" in den Vereinten Nationen in Genf hat Deutschland – den Koalitionsverträgen von 2013 und 2018 folgend – sich mit leicht wechselnden Formulierungen immer gegen AWS ausgesprochen: Deutschland beabsichtige nicht, Waffensysteme einzuführen, die Menschen die Entscheidung über Leben und Tod entziehen; menschliche Steuerung der Entscheidung zum Töten sei unverzichtbar. Das gründe sich auf das Recht zum Leben und die Menschenwürde (vgl. Germany 2014). In den Genfer Expertentreffen habe sich ein gemeinsames Verständnis ergeben, dass angemessene Niveaus menschlicher Steuerung der Gewaltanwendung nötig seien. Deutschland werde nicht akzeptieren, dass die Entscheidung, Gewalt anzuwenden, insbesondere die Entscheidung über Leben und Tod, allein durch ein autonomes System ohne eine Möglichkeit menschlichen Eingriffs in die Auswahl und Bekämpfung von Zielen getroffen werde (vgl. Germany 2015). Menschen müssen für die von ihnen benutzten Waffensysteme rechenschaftspflichtig sein, und das sei nur gewährleistet, solange sie ausreichende Kontrolle über die von ihnen verwendeten Waffensysteme haben. Für den diplomatischen Prozess bestehe ein starker Zeitdruck durch die schnellen Fortschritte bei Künstlicher Intelligenz; die gemeinsame Arbeit solle auf höchstmögliche Weise fokussiert werden (vgl. Germany 2018a).

Allerdings gibt es auch unklare beziehungsweise fragwürdige Formulierungen. Beim Treffen im April 2018 erklärte Deutschland für eine Arbeitsdefinition von LAWS:

> „Deutschland lehnt autonome Waffensysteme ab, die hauptsächlich dafür entworfen sind, direkt tödliche Wirkungen oder andere Schäden an Menschen zu bewirken, und die dafür entworfen sind, *völlig unabhängig* von menschlicher Wechselwirkung oder Steuerung Informationen aufzunehmen, zu überlegen, zu entscheiden, zu handeln, auszuwerten und zu lernen. […] Die Fähigkeit, zu lernen und *Selbsterfahrung zu entwickeln*, stellt eine unverzichtbare Eigenschaft dar, wenn einzelne Funktionen oder Waffensysteme als autonom definiert werden sollen" (Germany 2018b, Hervorh. im Original, Übersetzung d. Verf.).

Hier wird erstens nicht genauer gesagt, was „vollständige Unabhängigkeit" von menschlicher Wechselwirkung oder Steuerung bedeutet. Reicht die Aktivierung eines AWS durch einen Menschen zu Beginn eines eventuell längeren Einsatzes vielleicht schon aus? Zweitens sind sehr wohl AWS möglich, die nicht lernen. Werden diese nicht abgelehnt? Drittens bedeutet die Forderung, eine Funktion oder ein Waffensystem sei nur dann autonom, wenn sie oder es Selbsterfahrung entwickeln könne, die Aussage, AWS seien auf sehr lange Zeit technisch unmöglich. Aber schon in naher Zukunft könnten Waffensysteme entwickelt werden, die nach einem Algorithmus Ziele auswählen und bekämpfen, ohne die Fähigkeit zum Lernen oder gar Selbsterfahrung zu haben.

Deutschland hat versucht, zu gemeinsamen Positionen beizutragen, was wichtig ist, da für ein neues Protokoll im CCW-Rahmen Einstimmigkeit der Vertragsstaaten nötig ist. Es hat als Minimalposition vorgeschlagen, dass die Staaten bei AWS ihre Überprüfung neuer Mittel und Methoden der Kriegsführung nach Artikel 36 des

Genfer Zusatzprotokolls I verbessern (vgl. Germany 2016). Da diese Prüfungen aber rein national sind und ihre Ergebnisse geheim gehalten werden, würde eine solche Empfehlung die Einführung von AWS mit all ihren Problemen nicht aufhalten.

Auch hat sich Deutschland bisher nicht den nunmehr 28 Ländern angeschlossen, die für ein rechtlich verbindliches Verbot von AWS eintreten.[3] Das passt nicht zu Außenminister Heiko Maas' Aufforderung in den Vereinten Nationen:

> „Unterstützen Sie hier in New York und in Genf unsere Initiative für eine Ächtung vollautonomer Waffen, bevor es zu spät ist!" (Maas 2018)

Deutschland könnte als Ausdruck der neuen deutschen Außen- und Sicherheitspolitik in Bezug auf die Bundeswehr wie auf die internationale Situation verstärkt initiativ werden. Eine in Deutschland kürzlich veröffentlichte internationale Studie (vgl. Amoroso et al. 2018) empfiehlt der Bundesregierung:

- die Erstellung von Leitlinien für die AWS-Nutzung in der Bundeswehr,
- eine einfache, an Autonomie in den kritischen Funktionen von Zielauswahl und -bekämpfung orientierte AWS-Definition,
- eine gesetzliche Vorschrift zu bedeutsamer menschlicher Steuerung aller Bundeswehr-Waffensysteme,
- das Erforschen der Wechselwirkungen zwischen Menschen und autonomen Funktionen für zukünftige Bundeswehrwaffen sowie
- strenge Kriterien für automatische Abwehrsysteme und internationale Unterstützung für ein rechtsverbindliches, überprüfbares AWS-Verbot.

---

3 Ägypten, Algerien, Argentinien, Bolivien, Brasilien, Chile, China, Costa Rica, Dschibuti, Ecuador, El Salvador, Ghana, Guatemala, Heiliger Stuhl, Irak, Kolumbien, Kuba, Marokko, Mexiko, Nikaragua, Österreich, Pakistan, Palästina, Panama, Peru, Uganda, Venezuela, Zimbabwe (Stand November 2018; China ist für ein Einsatzverbot; vgl. Campaign 2018).

Ein Eingehen auf diese Vorschläge würde die Position Deutschlands im Inneren wie international glaubwürdiger und überzeugender machen. Das könnte einseitig beschlossen werden und bräuchte keinen Konsens mit anderen Ländern.

10 Ist ein AWS-Verbot möglich?

Systematisch wäre ein AWS-Verbot am besten in den Rahmen des CCW-Übereinkommens eingeordnet, es würde dann ein neu auszuhandelndes Protokoll VI werden. Allerdings gibt es neben den jetzt 28 Befürworter-Ländern auch eine Reihe wichtiger Staaten, die ein rechtlich verbindliches Verbot nicht unterstützen, unter anderem die USA, Russland, Großbritannien, Israel und Frankreich (vgl. Campaign 2018). Wegen des im CCW-Rahmen benutzten Konsensprinzips ist sehr fraglich, ob es dort zu einem Verhandlungsmandat über ein Verbot kommen kann. Schon der deutsch-französische Vorschlag zu einer politischen Erklärung löste Widerspruch aus. Möglicherweise ist eine Konsens-Empfehlung erreichbar, die nationalen Prüfungen neuer Waffen nach Artikel 36 des Genfer Zusatzprotokolls zu verbessern. Diese würde aber wie bereits erwähnt die mit AWS zu erwartenden Gefahren nicht vermeiden.

Frustriert über den mangelnden Fortschritt im CCW-Rahmen könnten wohlmeinende Länder einen eigenen Verbotsvertrag auf den Weg bringen, ähnlich wie das schon bei Antipersonen-Landminen mit dem Ottawa- und bei Streumunition mit dem Oslo-Prozess gelungen ist, in diesen Fällen mit nur wenigen außerhalb bleibenden Staaten. Der Nuklearwaffenverbotsvertrag von 2017, dem kein Kernwaffenstaat und kein Staat, in dem Kernwaffen stationiert sind, beigetreten sind, zeigt die Grenzen eines Herangehens ohne Einbindung der wichtigsten Akteure. Während man bei Kernwaffen, die es ja schon gibt, auf längerfristige Wirkung hoffen kann, gibt es für ein vorbeugendes Verbot von AWS nur noch ein Fenster von wenigen Jahren. Ein Verbotsvertrag, der die Staaten mit modernen Streitkräften nicht einbeziehen würde, würde AWS nicht verhindern, was nach einiger Zeit auch manche der wohlmeinenden Unterzeichnerstaaten zu einem Rückzug bewegen könnte.

Insgesamt ist das internationale Klima gegenwärtig alles andere als gut für Rüstungsbegrenzung, insbesondere zwischen den USA und Russland. Der ABM-Vertrag wurde durch die USA gekündigt, Russland macht beim KSE-Vertrag nicht mehr mit, die Kündigung des INF-Vertrags ist beschlossen, und ob der New START-Vertrag 2021 verlängert werden wird, ist offen. Ein neues Wettrüsten – weltweit wie auch in Europa, bei Nuklearwaffen wie bei autonomen Waffensystemen – zu vermeiden, erfordert eine umgehende politische Neuausrichtung, unterstützt durch eine aktive, kritische Öffentlichkeit.

11 Die Dual-Use-Problematik

Es ist zu erwarten, dass autonome Systeme und Roboter im zivilen Leben eine wachsende Rolle spielen werden: bei Kraftfahrzeugen, in Produktion und Logistik, in der Pflege, im Haushalt. Daran wird intensiv geforscht und entwickelt, mit massiver Finanzierung durch Unternehmen und staatlicher Förderung. Dabei werden viele Hard- und Software-Komponenten sowie ganze Systeme entstehen, die auch militärisch genutzt werden können (Dual Use). Würde das ein AWS-Verbot unterlaufen oder gar unmöglich machen?

Eine Übernahme geeigneter Komponenten in die Streitkräfte ist kaum zu vermeiden. Aber ganze Systeme für den Kampf – insbesondere gegen etwa ebenbürtige Gegner – müssen viele Anforderungen erfüllen, die im zivilen Leben nicht oder deutlich schwächer gelten. Bei Luftfahrzeugen betrifft dies beispielsweise die Beschussfestigkeit, die Fähigkeit, auf Notbahnen zu starten und zu landen, Überschallgeschwindigkeit, Tief- und Geländefolgeflug, das Fliegen enger Kurven für den Luftkampf, die Verringerung von Radar-, Infrarot- und akustischer Signatur, die Integration von Waffenelektronik und Avionik oder auch die verschlüsselte Kommunikation (vgl. Altmann 2000, Abschn. 5.3 und 5.4). Angesichts dieser Anforderungen liegen die Kosten militärischer Luftfahrzeuge erheblich über denen ziviler. Schon wegen der Konkurrenz am Markt werden Hersteller solche Fähigkeiten in zivile Luftfahrzeuge nicht einbauen. Das gilt auch für unbemannte Flugsysteme, genauso auf Land und auf oder unter Wasser. Für spezifisch militärische Aufgaben wird es eigene Technikpfade geben, die für das Zivile nicht zweckmäßig sind. Zwar können zivile Komponenten in die Entwicklung militärischer Systeme einbezogen werden und dazu beitragen, deren Kosten zu senken. Aber militärische und zivile Systeme würden sich klar unterscheiden, vieles wäre schon von außen zu erkennen, etwa die Möglichkeit zur Bewaffnung.

Ob für die zivile Gesellschaft überhaupt bewaffnete, unbemannte Systeme nötig sein werden, ist fraglich. Selbst für diesen Fall würden sich Systeme für den inneren Einsatz durch Sicherheitskräfte von denen für den militärischen Kampf unterscheiden. Im Rahmen eines AWS-Verbots könnte es allerdings nötig werden, für solche nicht-militärischen, bewaffneten, unbemannten Systeme spezielle Beschränkungen zu vereinbaren.

12 AWS und Recht erhaltende Gewalt

Es ist keine Notwendigkeit abzusehen, in den Ausnahmefällen, in denen militärische Gewalt zur Rechtserhaltung nötig oder gerechtfertigt erscheinen könnte, AWS zu verwenden. Realistisch ist auf absehbare Zeit rechtserhaltende Gewalt nur gegen militärisch deutlich unterlegene Kräfte plausibel, wo in der Regel Streitkräfte vor Ort agieren müssen, etwa um bedrohte Menschen zu schützen. Im Extremfall könnten sie unter Umständen ferngesteuerte, unbemannte Waffensysteme einsetzen, aber diese und ihre Kommunikationsverbindungen wären in solchen Szenarien nicht ernsthaft gefährdet; es gäbe also keine militärische Notwendigkeit zu autonomen Angriffen, ganz abgesehen von den Risiken, falsche Ziele zu treffen.

AWS könnten nur dann für die gewaltförmige Rechtsdurchsetzung nötig scheinen, wenn der Kampf gegen einen etwa ebenbürtigen Gegner zu führen wäre. Dann könnte sich das aber in einen großen Krieg entwickeln – in dem auch die Gegenseite AWS einsetzen würde –, mit mindestens ungewissem Ausgang, aber hohem Risiko der Eskalation bis hin zum Nuklearkrieg. Das Szenario ist also nicht plausibel.

13 Schlussüberlegungen

Ließe die Weltgemeinschaft zu, dass die Rüstungsentwicklung nur dem technologischen Trend und den nationalen militärischen Interessen folgte, würden AWS eingeführt. Das hätte dramatische Konsequenzen: Die Einhaltung des Kriegsvölkerrechts wäre nicht gewährleistet. Anstelle von Menschen würden Maschinen über Tod und Leben entscheiden. Bei allen Formen von AWS – von großen bis zu sehr kleinen – würde um die Wette gerüstet. Entscheidungszeiten würden sich drastisch reduzieren. Der Druck, in einer schweren Krise als erster zuzuschlagen, würde massiv steigen. Die Wechselwirkung zwischen zwei Systemen von AWS würde innerhalb von Sekunden und -bruchteilen stattfinden, sie ließe sich nicht im Vorfeld erproben; das Ergebnis könnte nicht vorhergesagt werden, aber schnelle Eskalation wäre eine plausible Folge. Internationale Sicherheit zu erhalten und zu stärken, verlangt daher ein vorbeugendes Verbot von AWS mit einem Gebot bedeutsamer menschlicher Steuerung jedes einzelnen Angriffs, die sich mittels sicherer Datenaufzeichnung verlässlich überprüfen ließen.

Literatur

Adams, Thomas K. 2001. Future Warfare and the Decline of Human Decisionmaking. *Parameters* 31 (4): 57–71.

Altmann, Jürgen. 2000. Zusammenhang zwischen zivilen und militärischen Hochtechnologien am Beispiel der Luftfahrt in Deutschland. In: *Dual-use in der Hochtechnologie – Erfahrungen, Strategien und Perspektiven in Telekommunikation und Luftfahrt,* hrsg. von Jürgen Altmann, 159–262. Baden-Baden: Nomos.

Altmann, Jürgen. 2005. Nanotechnology and Preventive Arms Control. https://bundesstiftung-friedensforschung.de/wp-content/uploads/2017/08/berichtaltmann.pdf. Zugegriffen: 25. Mai 2018.

Altmann, Jürgen. 2006. *Military Nanotechnology: Potential Applications and Preventive Arms Control.* New York: Routledge.

Altmann, Jürgen. 2008. Präventive Rüstungskontrolle. *Die Friedens-Warte* 83 (2-3): 105–126.

Altmann, Jürgen. 2013. Arms Control for Armed Uninhabited Vehicles – An Ethical Issue. *Ethics and Information Technology* 15 (2): 137–152.

Altmann, Jürgen. 2017. Militärische Forschung und Entwicklung. In Jürgen Altmann, Ute Bernhardt, Kathryn Nixdorff, Ingo Ruhmann und Dieter Wöhrle. *Naturwissenschaft – Rüstung – Frieden. Basiswissen für die Friedensforschung,* 449–480. 2. Aufl. Wiesbaden: Springer VS.

Altmann, Jürgen und Frank Sauer. 2017. Autonomous Weapon Systems and Strategic Stability. *Survival* 59 (5): 117–142.

Amoroso, Daniele, Frank Sauer, Noel Sharkey, Lucy Suchman und Guiglielmo Tamburrini. 2018. Autonomy in Weapon Systems – The Military Application of Artificial Intelligence as a Litmus Test for Germany's New Foreign and Security Policy. https://www.boell.de/sites/default/files/autonomy_in_weapon_systems.pdf. Zugegriffen: 24. Mai 2018.

Arkin, Ronald C. 2009. *Governing Lethal Behavior in Autonomous Robots.* Boca Raton, FL: Chapman & Hall.

Asaro, Peter. 2012. On Banning Autonomous Weapon Systems: Human Rights, Automation, and the Dehumanization of Lethal Decision-Making. *International Review of the Red Cross* 94 (886): 687–709.

Campaign to Stop Killer Robots. 2018. Country Views on Killer Robots. https://www.stopkillerrobots.org/wp-content/uploads/2018/11/KRC_CountryViews22Nov2018.pdf. Zugegriffen: 5. Dezember 2018.

Dean, James. 2016. RAF Drone Could Strike Without Human Sanction. *The Times* vom 10. Juni 2016. https://www.thetimes.co.uk/article/raf-drone-could-strike-without-human-sanction-mzpjmr786. Zugegriffen: 1. Juli 2018.

Germany. 2014. General Statement by Germany. CCW Expert Meeting Lethal Autonomous Weapon Systems. http://www.unog.ch/80256EDD006B8954/(httpAssets)/9FB02F665072E11AC1257CD70066D830/$file/Germany+LAWS+2014.pdf. Zugegriffen: 18. Mai 2018.

Germany. 2015. General Statement by Germany. CCW Expert Meeting Lethal Autonomous Weapon Systems. http://www.unog.ch/80256 EDD006B8954/%28httpAssets%29/97636DEC6F1CBF56C1257E260 05FE337/$file/2015_LAWS_MX_Germany.pdf. Zugegriffen: 18. Mai 2018.

Germany. 2016. German General Statement. CCW Experts Meeting Lethal Autonomous Weapon Systems. http://www.unog.ch/80256 EDD006B8954/(httpAssets)/1A10EE8317A92AA4C1257F9A00447F 2E/$file/2016_LAWS+MX_Towardaworkingdefinition_Statements_ Germany.pdf. Zugegriffen: 18. Mai 2018.

Germany. 2018a. Intervention of the Germany on Agenda Item „Further Consideration of the Human Element in the Use of Lethal Force". CCW Experts Meeting Lethal Autonomous Weapon Systems. http://reachingcriticalwill.org/images/documents/Disarmament-fo ra/ccw/2018/gge/statements/28August_Germany.pdf. Zugegriffen: 5. Dezember 2018.

Germany. 2018b. Statement Delivered by Germany on Working Definition of LAWS/Definition of Systems under Consideration. CCW Experts Meeting Lethal Autonomous Weapon Systems. https://www.unog.ch/80256EDD006B8954/(httpAssets)/2440CD1922B86091 C12582720057898F/$file/2018_LAWS6a_Germany.pdf. Zugegriffen: 5. November 2018.

Gubrud, Mark und Jürgen Altmann. 2013. Compliance Measures for an Autonomous Weapons Convention. https://www.icrac.net/wp-content/uploads/2018/04/Gubrud-Altmann_Compliance-Measures-AWC_ICRAC-WP2.pdf. Zugegriffen: 18. Mai 2018.

Hagel, Chuck. 2014. Secretary of Defense Speech, Reagan National Defense Forum, Simi Valley CA vom 15. November 2014. https://www.defense.gov/News/Speeches/Speech-View/Article/606635. Zugegriffen: 24. November 2017.

Hambling, David. 2015. *Swarm Troopers – How Small Drones Will Conquer the World.* USA: Archangel Ink.

Kania, Elsa B. 2017. Battlefield Singularity: Artificial Intelligence, Military Revolution, and China's Future Military Power. Air University. https://www.airuniversity.af.edu/CASI/Display/Article/1383013/batt lefield-singularity-artificial-intelligence-military-revolution-and-chinas. Zugegriffen: 5. Dezember 2018.

Maas, Heiko. 2018. „Together First!": Rede von Außenminister Heiko Maas in der Generaldebatte der 73. Generalversammlung der Vereinten Nationen vom 28. September 2018. https://www.auswaertiges-amt.de/de/newsroom/maas-generalversammlung-vn/2142296. Zugegriffen: 11. Dezember 2018.

Protocol on Blinding Laser Weapons (Protocol IV to the 1980 Convention). 1995. http://www.icrc.org/ihl.nsf/FULL/570?OpenDocument. Zugegriffen: 28. Mai 2018.

Sauer, Frank und Niklas Schörnig. 2012: Killer Drones – The Silver Bullet of Democratic Warfare? *Security Dialogue* 43 (4): 353–370.

Scharre, Paul. 2014. Robotics on the Battlefield Part II: The Coming Swarm. https://s3.amazonaws.com/files.cnas.org/documents/CNAS_TheComingSwarm_Scharre.pdf. Zugegriffen: 7. Dezember 2018.

Sharkey, Noel E. 2012. The Evitability of Autonomous Robot Warfare. *International Review of the Red Cross* 94 (886): 787–799.

US Congress, Office of Technology Assessment (US OTA). 1985. Ballistic Missile Defense Technologies. OTA-ISC-254. Washington, DC: US Government Printing Office.

US-Verteidigungsministerium. 2012a. Defense Manufacturing Management Guide for Program Managers. https://www.dau.mil/guidebooks/Shared%20Documents/Defense%20Manufacturing%20Management%20Guide%20for%20PMs.pdf. Zugegriffen: 24. März 2018.

US-Verteidigungsministerium. 2012b. Autonomy in Weapon Systems. http://www.esd.whs.mil/Portals/54/Documents/DD/issuances/dodd/300009p.pdf. Zugegriffen: 9. November 2017.

World of Drones. 2019. Who Has What: Countries with Armed Drones. https://www.newamerica.org/in-depth/world-of-drones/3-who-has-what-countries-armed-drones/. Zugegriffen: 14. Februar 2019.

Abusus non tollit usum?[1]
Ein kleines theologisch-ethisches Argumentarium zum Gebrauch von Kampfdrohnen

Marco Hofheinz

1 Einführung

Das sogenannte Afghanistanpapier der Kammer für Öffentliche Verantwortung der Evangelischen Kirche in Deutschland (EKD) forderte eine breite öffentliche Diskussion von Drohnen, insbesondere von Kampfdrohnen:

> „Drängende Fragen ergeben sich durch den Einsatz der ‚Drohnen'-Technologie. Eine sorgfältige ethische Bewertung steht noch aus, wird aber auch mit Blick auf verfassungsrechtliche und völkerrechtliche Bedenken zunehmend in der medialen und politischen Öffentlichkeit eingefordert" (EKD 2013, S. 50).

Das Papier verweist darauf, dass der Einsatz von Kampfdrohnen (*Unmanned Aerial Combat Vehicles*, UACVs) von den US-Truppen in Afghanistan seit 2008 ausgeweitet wurde. Die Forderung nach einer breiten öffentlichen Diskussion mit dem Ziel einer völkerrechtlich verbindlichen Normierung erscheint an exponierter Stelle, nämlich zum Abschluss des Papiers, und markiert damit die Dring-

---

1 Missbrauch hebt den (rechten) Gebrauch nicht auf.

lichkeit des Desiderats. Die Drohnen-Diskussion gehört demnach in den Bereich des „Jetzt Dringlichen" der Ethik (vgl. Hofheinz 2017, S. 254); für die ethische Urteilsbildung kommt ihr ein prioritärer Status zu.

Das im Folgenden entwickelte „kleine theologisch-ethische Argumentarium" soll einen Beitrag zu dieser Debatte liefern, die inzwischen recht breit geführt wird. Sie ist keineswegs mit dem Beschluss der Koalition (im Juni 2018) zur Beschaffung waffenfähiger Drohnen des Typs Heron TP für die Bundeswehr zum Erliegen gekommen, zumal in der Koalition selbst noch Diskussionsbedarf gesehen und vorerst auf eine Bewaffnung verzichtet wird. Im Blick auf die grundsätzliche Debatte ist es zunächst einmal nötig zu klären, worum es eigentlich geht. Insbesondere sind die neuen Herausforderungen und ethischen Problemzusammenhänge, die für die christliche Friedensethik durch den militärischen Einsatz bewaffneter Drohnen und die Automatisierung von Kampfwaffen entstanden sind, zu identifizieren und zu benennen. Dabei ist die Genese dieser neuen Herausforderungen im Gesamtkontext der Digitalisierung zu verorten (vgl. Dahlmann 2017, S. 183). Sie partizipieren damit an einem regelrechten „Metaprozess" (Kos 2018, S. 214), der nahezu keinen Bereich des menschlichen Lebens auslässt. Die *conditio humana* ist elementar von der Digitalisierung betroffen. Positionen des „Transhumanismus" und Rufe nach der Maschinenkompatibilität menschlicher Werte gewinnen an Bedeutung (vgl. Kos 2018, S. 237).

Es nimmt nicht Wunder, dass Autoren zahlreiche Überlappungen der drei Problemkreise Automatisierung – Autonomisierung – Cyberwar konstatieren (vgl. Neuneck 2017, S. 805 ff.), die sich nicht separieren lassen (vgl. Kos 2018, S. 218). Insbesondere in Gestalt der Praxis der „gezielten Tötung" *(targeted killing)*[2] scheinen diese Überlappungen auf, die in ihrer Zuordnung den *slippery slope* befürchten lassen:

---

2 Vgl. Koch und Rinke (2018, S. 41 ff.); Rudolf (2017, S. 114 ff.) und Schockenhoff (2018, S. 703 ff.).

„Bewaffnete Drohnen können als eine Art ‚Einstiegsdroge' in Richtung auf den Einsatz vollautomatisierter und autonomer Waffensysteme *(killer robots)* gesehen werden. Mit anderen Worten: Auch der Weg von der bewaffneten Drohne zum autonomen Waffensystem kann mit großer Plausibilität im Sinne einer ‚Slippery Slope'-Argumentation dargestellt werden" (Koch und Rinke 2018, S. 43).

Das „Leben unter der Drohne" ist nach Bernhard Koch (2014) in diesem Gefälle wahrzunehmen:

„Es ist illusorisch anzunehmen, dass von der Revolutionierung der Militärtechnik, die sich hinter Begriffen wie Military Robotics, Cyber-War oder Militarisierung des Weltraumes verbirgt und von der die Drohnen derzeit nur die Spitze eines Eisberges bilden, keine Gefahr für die herrschende Weltordnung ausgeht."

Nach Art. 36 des 1. Zusatzprotokolls zu den Genfer Konventionen ist jede neue Waffentechnologie daraufhin zu prüfen, ob sie im Widerspruch zum humanitären Völkerrecht steht (vgl. Koch und Rinke 2018, S. 39). Das gilt in zugespitztem Maße für die militärische Robotik, die – wie Anja Dahlmann (2017, S. 171) zutreffend bemerkt – eine „neue Qualität in die Beziehung von Mensch und Maschine" bringt, „indem der Mensch an vielen Punkten die Kontrolle an Roboter abgibt." Human Rights Watch (2012) unterscheidet dabei drei Zustände: „man in the loop" (hier ist der Einsatz dem Menschen vorbehalten), „man on the loop" (der Mensch fungiert lediglich als Beobachter beziehungsweise Überwachender des Entscheidungskreislaufes) und „man out of the loop" (Entscheidungen erfolgen ohne jeglichen Einfluss des Menschen). Ein sogenannter Killerroboter wird in der Fachsprache auch als *Lethal Autonomous Weapons System* (LAWS), also als letales autonomes Waffensystem, bezeichnet.

2 Zur Problemwahrnehmung und ethischen Urteilsbildung

Zur Wahrnehmung des Problems ist zu bemerken, dass es zwar um neue Herausforderungen geht, in ihrer Beurteilung aber wiederum auf tradierte ethische Grundbegriffe wie Wahrnehmung (Perzeption beziehungsweise *aisthesis*), Verantwortung und Güterabwägung zurückgegriffen werden kann. Zudem kehren „alte" Leitthemen der Friedensethik wie Entspannung, vertrauensbildende Maßnahmen, Zwang zur Abrüstung und Rüstungskontrolle etc. wieder (vgl. Kos 2018, S. 235).

Zum erstgenannten ethischen Grundbegriff: Bereits hinsichtlich der Neuheit besagter Herausforderung wird deutlich, wie sehr ethische Urteilsbildung auf der *Wahrnehmung* basiert. Das gilt keineswegs nur für Kampfdrohnen, wohlgemerkt aber auch für sie. Jede noch so oberflächliche Diskursanalyse zeigt, dass mit dem Rekurs auf die Angemessenheit der Mittel (Proportionalitätsgrundsatz) und die Schonung der Nicht-Kombattanten (Diskriminierungs- beziehungsweise Unterscheidungsgrundsatz), also die Grundsätze des *ius in bello* beziehungsweise des humanitären Völkerrechts, nolens volens auch auf die Wahrnehmung rekurriert wird, anders gesagt: dieser Rekurs wahrnehmungsbasiert ist. Um dies an einem Beispiel in Anlehnung an Eberhard Schockenhoff (2018, S. 722) zu illustrieren:

> „Wenn die Bediener, wie es derzeit bei den halbautomatisierten Kampfdrohnen, die von den USA im Mittleren Osten eingesetzt werden, noch der Fall ist, ihre Entscheidungen in weiter Entfernung vom Gefechtsfeld aus treffen, bestehen erhebliche Zweifel, ob sie auch tatsächlich wahrnehmen und in seiner realen Bedeutung erfassen können, was dort geschieht."

Mit der Wahrnehmung hat etwa die Unterscheidung zwischen Kombattanten und Nichtkombattanten zu tun. Insofern sind das *ius in bello* beziehungsweise die Prinzipien des humanitären Völkerrechts elementar betroffen (vgl. Yoder 1996, S. 136 ff., 156 ff.; Haspel 2002, S. 133 ff.). Ein Einwand gegen Kampfdrohnen besagt etwa:

> „Der Bediener sieht die Welt mehr oder weniger durch die Brille des Assistenzsystems. Warum der Algorithmus eine Handlungsentscheidung trifft oder diese vorselektiert und anbietet, bleibt – in Echtzeit – nicht mehr nachvollziehbar" (Schockenhoff 2018, S. 722).

Die Bezugnahme auf die Wahrnehmung überrascht hinsichtlich der ethischen Urteilsbildung nicht. Probleme, Situationen und Verhaltensalternativen liegen nun einmal nicht einfach als Entitäten, also im Sinne „objektiver" Gegebenheiten vor. Wir nehmen sie wahr, wie *wir* sie eben wahrnehmen, wie wir selbst sind. Bereits Aristoteles (384–322 v. Chr.) machte in seiner „Nikomachischen Ethik" (1109 b 23) darauf aufmerksam: „Die Entscheidung liegt in der Wahrnehmung." Anders gesagt:

> „Die Entscheidung über den Gestaltungswillen des Menschen fällt nicht in einem der menschlichen Wahrnehmung folgenden Akt, sondern bereits in der Art und Weise menschlicher Wahrnehmung wird über die daraus resultierenden Handlungsvollzüge des Menschen entschieden" (Grözinger 1998, S. 310 f.).

Martha C. Nussbaum (1985, S. 521) bemerkt treffend: „Moral knowledge […] is not simply intellectual grasp of propositions; it is not even simply intellectual grasp of particular facts; it is perception".

Auch im Blick auf das genuin theologisch-ethische Argumentarium, wie es im Folgenden entfaltet werden soll, ist die Bedeutsamkeit der Wahrnehmung zu unterstreichen:

> „Denn das Proprium, das Besondere christlicher Ethik lässt sich gerade nicht im Medium allgemeingültiger Normen abbilden, sondern kommt primär auf der Ebene der spezifischen Wahrnehmung der handlungsrelevanten Wirklichkeit zum Ausdruck, wie sie im christlichen Glauben erschlossen ist" (Reuter 1996, S. 18 f.).

Es macht etwa einen Unterschied, ob die Wahrnehmung geprägt ist durch das, was Paulus etwa als „Sein in Christus" (Gal 2,20) oder „Teilhabe am Leib Christi" (1Kor 12,12–27; Röm 12,4–8) umschreibt (vgl. Fischer 1989, S. 91 ff.; Hofheinz 2018, S. 69 ff.; Mathwig 2000, S. 269 ff.).

Eine Verschärfung des Bewusstseins für die Neuheit und Dringlichkeit, das heißt die Dimensionierung des Problems, entsteht durch das, was Heinz Eduard Tödt (1988, S. 30) in seinem inzwischen klassischen Schema ethischer Urteilsbildung als „Entsektorialisierung" bezeichnet. Kampfdrohnen sind nicht etwa nur in technischer Hinsicht zu diskutieren, so als ginge es darum, technische Lösungen auf ethische Probleme zu finden. Das heißt freilich nicht, dass eine Verteuflung von technischen Neuerungen erfolgen soll. Kampfdrohnen sind in normativer Hinsicht nicht etwa deshalb „schlecht", nur weil sie neu sind. Wie wir noch sehen werden, unterstellt ein Vorwurf aber genau dies. Freilich ist auch Blindheit gegenüber dem Gebrauchs- und nicht nur Missbrauchspotenzial kontraindiziert. Mit anderen Worten ist bereits die Frage ernsthaft zu diskutieren, ob bewaffnete Drohnen tatsächlich „ethisch neutral" (vgl. Koch und Rinke 2018, S. 38 ff.) – theologisch beziehungsweise stoisch gesprochen gleichsam „Adiaphora" (gr. *adiaphoron* = unentschieden) – sind, wie einst der ehemalige Verteidigungsminister Thomas de Maizère behauptete und wie bis heute vielfach unterstellt wird.

3 Pro ... – Argumente von Befürwortenden der militärischen Nutzung von Kampfdrohnen

Das nun folgende Argumentarium ist nach dem „talkshowbewährten" Prinzip von Pro und Contra gegliedert und entgegen dem formalen Anschein durchaus durch eine dialogische Intention und Disposition inspiriert (vorgeführt etwa durch Vollmer 2015, S. 306 ff.), wenngleich der Duktus der Ausführungen den einer replizierenden Entkräftung befürwortender Argumente bildet. Diese werden indes ernst genommen, was bereits der betriebene argumentative Aufwand bezeugt. Als Vorzüge unbemannter Drohnen als technisches Instrument der Kriegsführung werden – stellt man die Argumente elementarisierend in ihrer Idealtypik zusammen – von den Befürwortenden angeführt: der Schutz für Soldaten, eine höhere Problemlösungsfähigkeit, die Fortschrittsadäquanz hinsichtlich der technischen Waffenentwicklung und die Diskriminierbarkeit von Gebrauch und Missbrauch der Kampfdrohnen.

3.1 Schutz für Soldaten durch Kampfdrohnen

Im Afghanistanpapier der EKD (2013, S. 23) heißt es:

> „Zunächst scheint der Vorteil des Ersatzes von Menschen durch technische Systeme auf der Hand zu liegen: Er schützt die eigenen Soldaten und wehrt damit dem Schwinden der öffentlichen Zustimmung zu Militäreinsätzen, die in postheroischen Gesellschaften außerordentlich kritisch gesehen werden, sobald Verluste von Menschenleben in den eigenen Reihen zu beklagen sind."

Da Kampfdrohnen in der Regel unbemannt sind, geht im Unterschied zu herkömmlichen Waffen von ihnen keine Gefahr für die eigenen Soldatinnen und Soldaten aus. Als starkes Argument kann hier die Fürsorgepflicht gegenüber den eigenen Kombattanten angeführt werden (vgl. Misselhorn 2018, S. 178). Sicherheitsgewinn und Risikominimierung für die eigene Truppe entsprechen ihr. Dieses Argument fungiert in der Regel auch als „Hauptargument" (Reuter 2014b, S. 165). In diesem Sinne kommentiert Schörnig (2014, S. 47):

> „Selbst Kritiker müssen anerkennen, dass dieser Schutzgedanke in westlichen Demokratien relevant ist, die ihre Soldatinnen und Soldaten als Bürger in Uniform und nicht als Kanonenfutter verstehen."

3.2 Höhere Problemlösungsfähigkeit der Kampfdrohnen

„Prinzipiell ermöglichen – so die Drohnen-Befürworter – die physische Distanz zum Zielort und die langen Beobachtungszeiten einen vergleichsweise abgewogenen Waffengebrauch" (Reuter 2014b, S. 165). Die damit argumentativ in Anschlag gebrachte höhere Problemlösungsfähigkeit bewähre sich gerade in ethischen Dilemma-Situationen, da Auswahlentscheide (affekt)frei von Emotionen wie Rachegefühl, Wut oder Angst geführt werden können (vgl. Dahlmann 2017, S. 177; Schockenhoff 2018, S. 721). Durch diese emotionale Abkoppelung werde die Defizität des Menschen nicht zuletzt in der Applikation der klassischen *iustum bellum*-Kriterien – genauer gesagt: der Kriterien des Rechtes im Krieg *(ius in bello* beziehungsweise *debitus modus)* – minimiert. So können autonome Steuerungssysteme den Einsatz von erfolgversprechenden Mitteln besser als der emotional belastete und manipulierbare menschliche Akteur auf ein möglichst mildes Maß (geringe Kollateralschäden) begrenzen (vgl. Schockenhoff 2018, S. 721; Koch und Rinke 2018, S. 40).

3.3 Fortschrittsadäquanz hinsichtlich der technischen Waffenentwicklung

Der technische Fortschritt sei nun einmal, zumal im digitalen Zeitalter, nicht aufzuhalten – auch nicht völkerrechtlich. Der Vorwurf richtet sich oftmals gleichermaßen gegen eine rückwärtsgewandte Haltung der Kampfdrohnengegner („Technophobie" oder „Hysterie", vgl. Vollmer 2015, S. 306) wie gegen den Illusionismus beziehungsweise Rechtsidealismus, Kampfdrohnen international qua Völkerrecht verbieten zu können. Politischer Realismus und Pragmatismus spreche eine andere Sprache. Mehr oder weniger offen beruft man sich auf den kategorischen Imperativ des technologischen Zeitalters beziehungsweise der „dritten industriellen Revolution": „Was man kann, das soll man' beziehungsweise: ‚Das Machbare ist verbindlich'" (Anders 2002, S. 24, der dies kritisch als Gesetz der Poiesis identifiziert). Geringfügig modifiziert und variiert lautet das Argument: Die Entwicklungsschraube lässt sich nun einmal auch im Blick auf Kampfdrohnen nicht zurückdrehen. Wenn wir bei der Ausstattung unserer Streitkräfte mit diesen militärischen Instrumentarien nicht dabei sind, sind es andere, das heißt gegebenenfalls unsere Gegner, denen wir uns schutzlos ausliefern.

3.4 Diskriminierbarkeit von Gebrauch und Missbrauch der Kampfdrohnen

Bisweilen wird argumentativ auch angeführt, dass die Skandalisierung von Kampfdrohnen („Kalaschnikows mit Hirn", Mink 2018, S. 8) legitimerweise nur den irregulären, völkerrechtswidrigen Drohnenkrieg der USA beträfe und nicht das Waffensystem selbst (vgl. Reuter 2014b, S. 164). Gegen die Skandalisierung könne die sprichwörtliche Rechtsregel angeführt werden: *abusus non tollit usum* – „der Missbrauch hebt den (rechten) Gebrauch nicht auf". Der Satz richtet sich gegen die (tutioristische) Neigung, alles zu verbieten, was beziehungsweise weil es unter Missbrauchsgefahr steht. Verschärfend wird gelegentlich ergänzt: *sed confirmat substantiam* („sondern er bestätigt das Wesen"). Das Wesen *(substantia)* von Kampfdrohnen sei eben nicht an sich schlecht, bilde also keine *actio intrinsice mala*. Oftmals wird dieses Argument mit dem Hinweis versehen, dass klar zwischen Kampfdrohnen und Beobachtungsdrohnen unterschieden werden müsse:

> „Der militärische Nutzen des Einsatzes von Beobachtungsdrohnen spielt bereits heute im Afghanistan-Konflikt eine große Rolle, wenn etwa die Fahrtstrecke eines Militärkonvois, die durch ein von Aufständischen besetztes Gebiet führt, zuvor von Beobachtungsdrohnen auf einen möglichen Hinterhalt abgesucht wird" (Schockenhoff 2018, S. 720).

4 Sed contra ... – Einwände gegen die militärische Nutzung von Kampfdrohnen

Die angeführten Gründe zeigen, dass ethische Grundbegriffe betroffen oder doch zumindest berührt sind, Begriffe wie Güterabwägung, Verantwortung, Recht und Moral etc. Alle diese Begriffe spielen in der ethischen Urteilsbildung und entsprechenden Schemata eine zentrale Rolle. Sie betreffen selbstverständlich auch die theologische Ethik. Im folgenden Durchgang sollen diese vier vorgebrachten Argumente kritisch-hermeneutisch auf ihren begrifflichen Gehalt beziehungsweise ihre normativen Implikationen hin befragt werden. Dabei zeigt sich, dass die Einwände auf die vorgebrachten Pro-Argumente durchaus stichhaltig sind. In vier Durchgängen wird analog zum entfalteten Pro nun das Contra entwickelt:

4.1 Im Spannungsfeld von Soldatenschutz und Tötungshandeln. Oder: Die Notwendigkeit einer Güterabwägung

Im Blick auf den durch Kampfdrohnen gewährten Schutz für Soldaten und die Fürsorgepflicht nicht zuletzt von deren Vorgesetzten gibt Eberhard Schockenhoff (2018, S. 720) zu bedenken:

> „Der Hinweis auf die Fürsorgepflicht gegenüber den eigenen Kombattanten hat zweifellos erhebliches ethisches Gewicht; diese muss allerdings in eine ausgewogene Balance mit dem Ziel, unbeteiligte Zivilpersonen auf der Gegenseite zu schonen, gebracht werden. Dennoch stellen Sicherheitsgewinn und Risikominimierung für die eigene Truppe bei der dabei zu treffenden Abwägung ein starkes Gewicht auf der Waagschale dar."

Der Einsatz von bewaffneten Drohnen vollzieht sich „im Spannungsfeld von Schutz- und Tötungshandeln" (Koch und Rinke 2018, S. 15). Schockenhoff rekurriert auf die Schonung der Nicht-Kombattanten (Diskriminierungs- und Proportionalitätsgrundsatz). Nach dem Zusatzprotokoll I zu den Genfer Konventionen Art. 51 Abs. 5b ist „ein Angriff, bei dem damit zu rechnen ist, dass er auch Verluste an Menschenleben unter der Zivilbevölkerung, die Verwundung von Zivilpersonen, die Beschädigung ziviler Objekte oder mehrere derartige Folgen zusammen verursacht, die in keinem Verhältnis zum erwarteten konkreten und unmittelbaren militärischen Vorteil stehen", verboten. Entsprechend fordert Schockenhoff eine Güterabwägung ein. Offensichtlich ist dieses Argument der Befürwortenden nicht so eindeutig beziehungsweise evident, wie es zunächst scheint. Güterabwägungen sind nämlich nur dann nötig, wenn vorzugswürdige Güter offenkundig konkurrieren, so dass die schlichte Applikation des (naturrechtlichen) Grundsatzes „bonum est faciendum et prosequendum, malum est vitandum" (das Gute ist zu tun und zu befolgen, das Schlechte zu meiden) (STh I–II, q. 94,2) kein eindeutiges beziehungsweise hinreichend klares Ergebnis zeitigt. Bei der Güterabwägung handelt es sich um den „oft gebotenen letzten Schritt in der ethischen Urteilsbildung", der dann auftreten kann, „wenn sich die Frage nach dem jetzt zu wählenden Verhalten nicht erschöpfend durch eine allgemeine oder spezielle Handlungsanweisung beantworten lässt" (Herms 2000, S. 1349). Die Güterabwägung dient der ethischen Bewertung des Kompromisses und ist dessen Logik unterworfen (vgl. Frey 1991, S. 62 ff.; Honecker 1990, S. 241).

Das Grundprinzip der Güterabwägung lässt sich auf folgende Formel bringen: „Unter ansonsten gleichen Bedingungen *(ceteris paribus)* ist stets das wichtigste zur Wahl stehende Gut oder das geringste mögliche Übel zu wählen" (Horn 2011, S. 391). Abgesehen von diesem Elementarprinzip ist allerdings die Frage nach gültigen Abwägungs- beziehungsweise Vorzugsregeln im Geflecht konkurrierender Ansätze sehr umstritten, was letztlich auf die völlig offene Frage nach einer Hierarchie der Werte beziehungsweise der im Handeln erstrebsamen Güter zurückzuführen ist. Schockenhoff rekurriert im obigen Zitat auf die Vorzugsregel, wonach bei Konflikten zwischen gleichrangigen Gütern nach einem schonenden Ausgleich zwischen beiden zu suchen ist (vgl. auch Reuter 2015a, S. 109). Es geht im Sinne dieses Ausgleichs eben nicht nur um Soldaten-, sondern auch um Zivilistenschutz und die Fürsorgepflicht beiden Personengruppen gegenüber. Die Unteilbarkeit der Menschenwürde und die nach biblischem Verständnis unabweislich gegebene Gottebenbildlichkeit aller Menschen (Gen 1,26 f.; vgl. dazu Link 1998, S. 147 ff.) lassen daran keinen Zweifel:

> „Das Leben von Soldaten darf nicht über das von Zivilisten gestellt werden – gleichviel zu welcher Konfliktpartei sie gehören. [Umgekehrt] wäre es ebenso absurd, das Leben von Soldaten für weniger wert zu halten als das von Zivilisten" (Reuter 2014a, S. 43).

Der „schonende Ausgleich" wird allerdings durch die praktizierten Drohnenangriffe der Vergangenheit *ad absurdum* geführt, wie Hans-Richard Reuter (2014b, S. 164) bereits im Jahr 2014 zu bedenken gab:

> „Nach Angaben des *Bureaus of Investigate Journalism* haben die 370 Drohnenangriffe der USA in Pakistan zwischen 2004 und 2013 fast 2 300 Menschenleben gefordert, darunter 584 Zivilisten und Kinder. Auch für die Abarbeitung von *killing lists* im Jemen werden bis zu 30 Prozent ziviler Opfer geschätzt. Dass die Statistiken des drohnengestützten gezielten Tötens auf Schätzungen basieren, tut dem Skandal keinen Abbruch. Unstrittig ist, dass das andauernde ‚Leben unter Drohnen' – so der Titel einer Studie der Stanford University – die betroffene Zivilbevölkerung in Furcht und Schrecken versetzt oder traumatisiert. Das ist Anti-Terrorismus mit terroristischen Mitteln."

In der Tat ist hier zu fragen, ob nicht längst das Übermaßverbot greift, das die Verhältnismäßigkeit kennzeichnet (vgl. Gillner 2014, S. 144). Bereits im Afghanistanpapier der EKD (2013, S. 23) hieß es zutreffend:

> „Angesichts des Trends zu ‚autonomen' Systemen, die keiner menschlichen Steuerung bedürfen, stellt sich die drängende Frage, ob das moralische und völkerrechtliche Prinzip der Unterscheidung zwischen Kombattanten und Zivilisten gewahrt werden kann. Mit der Tendenz zur robotisierten Tötung individueller Gegner und Ver-

dächtiger sowie zur Depersonalisierung des Krieges und seiner zeitlichen und räumlichen Entgrenzung geraten herkömmliche moralische und rechtliche Standards der Zurechnung von Verantwortung für die Entscheidung über Tod und Leben unter Druck."

Anja Dahlmann (2017, S. 171) spricht pointiert davon, dass autonome Fähigkeiten von Waffensystemen „disruptives Potenzial" haben, „da sie große Risiken für die internationale Stabilität bergen und die – bisher implizite – Norm der menschlichen Kontrolle über Tötungsentscheidungen im Krieg in Frage stellen".

4.2 Die Struktur der Verantwortung und das Ausschalten von Emotionen im Kampfdrohneneinsatz

Abgesehen vom bereits angesprochenen „Hauptargument" ist auch das Argument der höheren Problemlösungsfähigkeit der Kampfdrohnen mit Problemen behaftet, wobei sich kriteriologische Überschneidungen mit jenem ergeben, zumal dort auch bereits der Diskriminierungs- und der Proportionalitätsgrundsatz betroffen waren, die nun erneut im Rahmen des *ius in bello* thematisiert werden. Dabei ist zunächst auf den Aspekt der Ausschaltung von menschlichen Emotionen Bezug zu nehmen, die ursächlich für eine höhere Problemlösungsfähigkeit durch Kampfdrohnen stehen. Schockenhoff (2018, S. 722) hat hinsichtlich der intendierten emotionalen Abkoppelung „eine höchst ambivalente Tendenz" diagnostiziert. Die Problematik dieser puristischen Denkungsart zeigt sich in der Tat, wenn man die Bedeutung von Emotionen für die ethische Urteilsbildung berücksichtigt, auf die in den letzten Jahren in den philosophischen wie theologischen Diskursen hingewiesen wurde. Martha C. Nussbaum (2003; 2014) und fernerhin Joshua Hordern (2013) haben etwa nachdrücklich gefordert, den Emotionen im Blick auf eine kontext- beziehungsweise situationssensible Urteilsbildung mehr Raum zu geben.

Ein für die theologische Ethik zentraler biblischer Text wie das Gleichnis vom „barmherzigen Samariter" (Lk 10,25–37) verdeutlicht dies (vgl. dazu etwa die diversen Interpretationen bei Fischer 1992, S. 119 ff., 126 ff.; 2000, S. 104 f.; 2007, S. 244 ff.). Jesus wird von einem Schriftgelehrten gefragt: „Wer ist denn mein Nächster?" (Lk 10,29). In Lk 10,33 f. heißt es im Anschluss an das Vorübergehen eines Priesters (Lk 10,31) und später eines Leviten (Lk 10,32):

> „Ein Samariter aber, der auf der Reise war, kam dahin; und als er ihn sah, jammerte er ihn [*esplagchnistē*]; und er ging zu ihm, goss Öl und Wein auf seine Wunden und verband sie ihm, hob ihn auf sein Tier und brachte ihn in eine Herberge und pflegte ihn."

Der Unterschied im Verhalten des Samariters im Vergleich zum Priester und Leviten lässt sich bereits am Emotionalen und insbesondere an jenem ihm gewidmeten Verb festmachen, das soviel wie „sich erbarmen" und „Mitleid empfinden" bedeutet:

> „Der Samariter kommt und sieht wie die anderen beiden Personen, aber seine Reaktion ist eine gänzlich andere: Er lässt sich innerlich anrühren, wird berührt, was im Griechischen mit dem plastischen Verb *splagchnizomai*, das heißt wörtlich ‚an die Eingeweiden rühren' zum Ausdruck gebracht wird. Noch handelt der Samariter nicht. Aber diese innere Anteilnahme am Leid des anderen ist der entscheidende Wendepunkt [...]. Entscheidend ist [...] das Berührtwerden, die Anteilnahme im Innersten, wie es plastisch im griechischen Text ausgedrückt wird [...]. Das Leid des anderen wird nicht nur reflektiert, sondern ganzheitlich erfahren, erlitten, ist ‚Mit-leid' im wahrsten Sinne des Wortes. In dieser Weise wird das Mitleiden-Können zum narrativen Wendepunkt der Parabel" (Zimmermann 2007, S. 539).

Die eigentliche Ausgangsfrage des Gleichnisses („Wer ist denn mein Nächster?") wird einer Beantwortung nicht etwa durch die Klärung des Objektes von Nächstenliebe zugeführt, sondern durch die Erschließung von deren Subjekt („Subjektwerdung") qua Mitleid:

> „Die Kategorie des Nächsten erschliesst sich nicht über eine Bestimmung des ‚Nächsten' als Adressat oder Objekt meiner Liebesbemü-

hungen, sondern nur indem ich durch mein Mit-leiden selbst zum Nächsten werde" (Zimmermann 2007, S. 549).

Hier wird evident: Das Ausschalten von Emotionen würde den biblischen Text seines Skopus berauben. Natürlich kann es nicht darum gehen, im Blick auf Auswahlentscheide gleichsam ungebremst und ungefiltert Emotionen wie Rachegefühl, Wut oder Angst etc. zuzulassen. Es gilt vielmehr, unterscheiden zu lernen und die Emotionen nicht grundsätzlich aus der Urteilsbildung hinauszudrängen.[3] Damit würde man sich ihres für menschliches Handeln gänzlich indispensablen Potenzials berauben (vgl. dazu aus theologischer Perspektive Ammann 2007).

Dem Hinausdrängen der menschlichen Anteile im Sinne der Automatisierungs-Klimax „man in the loop" – „man on the loop" – „man out of the loop" geht auf Seiten der Kampfdrohnenbefürwortenden oftmals mit einem (über)großen Zutrauen, ja mit einer Überschätzung der Fähigkeiten von Kampfdrohen einher: Der „kühle Kopf" des Computers könne – frei von situativen Verzerrungen aufgrund vorprogrammierter Einsatzregeln – die Einsatzregeln besser beachten als der irrtumsfähige Mensch. Hier verlaufen die Bruchstellen der Subjektivität.[4] Das verantwortliche Subjekt wird zum Substitutionsgut. „Autonomie" wird Waffen zugesprochen, wenn anders sie in ethischen Zusammenhängen für Personen reserviert ist (vgl. Lovin 2011, S. 147). Indes bezweifeln viele,

„dass eine automatisierte Zielauswahl durch Computersysteme jemals fähig sein könnte, situative Besonderheiten des Kampfgesche-

---

3 Verantwortlich für die Marginalisierung der Emotionen sind nach Wannenwetsch (2017, S. 117) zwei Strömungen, die ungeachtet der Verschiedenheit ihrer Provenienz am Punkt der Marginalisierung konvergieren: „(1) die mit dem Affektiven verbundene Angst vor Kontroll- und Selbstverlust und (2) die Stilisierung des Emotionalen zum innersten Kern der Persönlichkeit. Beide Denkbewegungen lieferten wesentliche Impulse dafür, dass die Affekte aus der Theoriebildung der Ethik mehr oder weniger verschwanden."
4 Zur abzusprechenden Subjekthaftigkeit von Drohnen vgl. die phänomenologischen Ausführungen von Ohly und Wellhöfer-Schlüter (2017, S. 303).

hens (z. B. Gesten der Ergebung oder die Absonderung eines Soldaten von der Truppe) richtig zu deuten" (Schockenhoff 2018, S. 721 f.).

Die Verantwortung lässt sich keinem menschlichen Träger mehr eindeutig zuschreiben. Kampfdrohnen sind aber nicht verantwortungsfähig:

„Der Programmierer kann das Verhalten des von ihm entworfenen Waffensystems in möglichen Grenzbereichen nicht sicher vorhersehen; der Befehlshaber, der es vor Ort anfordert oder aus großer Distanz in Gang setzt, kann seine Aktionen danach nicht mehr steuern oder unterbrechen. Erst recht kann das autonome Waffensystem selbst für seine Fehler nicht zur Rechenschaft gezogen werden. Die ethisch und völkerrechtlich unannehmbare Konsequenz von all dem wäre, dass es niemanden gäbe, der sich für Kriegsverbrechen verantwortlich fühlen müsste und für sie bestraft werden könnte. Die Verantwortung für das Töten von Menschen würde diffus und könnte keinem der beteiligten menschlichen Verantwortungsträger eindeutig zugeschrieben werden" (Schockenhoff 2018, S. 723).

Die „Struktur verantwortlichen Lebens", von der Dietrich Bonhoeffer (1992 [1942], S. 256 ff.; vgl. dazu auch Ulrich 2014, S. 36 ff.; Reuter 2015b, S. 217 f.) sprach, kann weder im Agieren von Kampfdrohnen noch in ihrem Einsatz durch Menschen wiedererkannt werden. Nach Bonhoeffer (1992 [1942], S. 256) ist sie durch ein doppeltes bestimmt: „durch die Bindung des Lebens an Mensch und Gott und durch die Freiheit des eigenen Lebens". Vier Charakteristika der Struktur verantwortlichen Lebens nennt Bonhoeffer (vgl. dazu auch die präzise Zusammenfassung bei Reuter 2015b, S. 217 f., an der sich die folgenden Ausführungen orientieren), von denen er je zwei der Bindung und zwei der Freiheit zurechnet:

1. die *Stellvertretung,* wonach Verantwortung auf interpersonale Akte der „Stellvertretung" (sprich des Eintretens für den Anderen) rückführbar ist;

2. die *Wirklichkeitsgemäßheit*, wonach verantwortliches Handeln durch jene Haltung der Klugheit ausgezeichnet ist, die zwischen einer in Christus erschlossenen Gesamtdeutung der Wirklichkeit einerseits und einer sachgemäßen Beachtung der Eigenlogik der Handlungsbereiche und Abwägung aller persönlichen und sachlichen Umstände andererseits vermittelt;
3. die *Schuldübernahme*, wonach im Einzel- und Grenzfall das allgemeingültige Gesetz um des geschützten Gutes und des konkreten Nächsten willen suspendiert werden muss, wobei diese Suspension dennoch ihren Schuldcharakter nicht verliert und
4. das *Wagnis*, wonach verantwortliches Handeln als freie existenzielle Entscheidung zu verstehen ist, die ihren Grund in Gottes eigener Freiheit hat.

Bei allen vier Strukturen beziehungsweise Strukturmomenten geht es Bonhoeffer um die Begegnung mit dem Nächsten. Für Bonhoeffer ist Verantwortungsethik „Nächstenethik, Ethik im vis-à-vis" (Ulrich 2014, S. 37):

„Tatsächlich gibt es nicht ein einziges Leben, das nicht die Situation der Verantwortlichkeit kennen lernen könnte und zwar in ihrer bezeichnendsten Gestalt, nämlich in der Begegnung mit anderen Menschen" (Bonhoeffer 1992 [1942], S. 287).

Das über Emotionen vermittelte Erkennen des Nächsten, welches sich im Gleichnis vom „barmherzigen Samariter" ereignet, indem dieser dem unter die Räuber Gefallenen zum Nächsten wird (vgl. Lk 10,37), ist für die Kampfdrohnen *ab ovo* ausgeschlossen. Ihr „Vorzug" gegenüber dem Menschen bestehe ja gerade in der Ausschaltung von Emotionen.

Dass Kampfdrohnen nicht verantwortungsfähig sind, zeigt sich – legt man die Bonhoeffersche Struktur der Verantwortung und ihren Verweisungszusammenhang zugrunde – daran, dass sie weder die Befähigung zu interpersonalen Akten der Stellvertretung noch der Wirklichkeitsgemäßheit, der Schuldübernahme oder des Wagnisses aufweisen. Kurzum: Da die Kampfdrohnen nicht verantwortungsfähig sind, ihr Agieren aber auch nicht Menschen zugeschrieben werden kann, entzieht sich ihr Wirken der Attribution von Verantwortung. Dieser Umstand avanciert zum zentralen Contra-Argument:

> „Sollte der Schritt zu vollautomatisierten Waffensystemen, die keiner Steuerung oder Überwachung durch den Menschen mehr bedürfen, jemals möglich sein, kann die moralische Forderung tatsächlich nur lauten, solche Systeme niemals einzusetzen. Denn für die Opfer derartiger anonymer Tötungsaktionen, die nach den Regeln des bisherigen humanitären Völkerrechts ungerechtfertigt den Tod erleiden, könnte kein menschlicher Akteur mehr zur Verantwortung gezogen werden" (Schockenhoff 2018, S. 723).

Die Grundlage der Verantwortlichkeit des Menschen besteht aber in jener Freiheit des Menschen, die damit ausgeschlossen, ja an einen moralunfähigen Automaten delegiert wäre (vgl. auch Lienemann 2008, S. 77). Schockenhoff argumentiert hier durchaus auch in einem Weberschen Sinne verantwortungsethisch, indem er die Folgenberücksichtigung stark macht (vgl. Weber 1992 [1919], S. 157 ff.).

Ist dies nicht vielleicht sogar letztendlich das Resultat einer Ethik der Neuzeit, die den Verweisungszusammenhang der Verantwortung auf sich selbst rückbezogen hat und sich – nur dem denkenden Ich als Instanz verantwortlich – selbst aufhebt? So sehr das Konzept einer eigenverantwortlichen Handlungsträgerschaft ein wesentliches und unaufgebbares Erbe der Neuzeit beziehungsweise Aufklärung darstellt, wird man dennoch nicht die Gefahr der Selbstreferentialität, eines Rückbezugs auf das Selbst, übersehen dürfen. Darauf hat etwa Georg Picht (1969, S. 320 f.; dazu auch Schoberth 2017, S. 253 ff.) mit seiner Beschreibung der neuzeitlichen Wende des Verantwortungsbegriffs nach innen nachdrücklich aufmerksam gemacht:

> „Es ist eine unzulässige Verkürzung des in der Struktur der Verantwortung vorgezeichneten Verweisungszusammenhanges, wenn man die Verantwortung einseitig als die Verantwortung des moralischen Subjektes für sein Handeln interpretiert" (Picht 1969, S. 326).

Bonhoeffers Exploration der Struktur der Verantwortung lässt sich diesbezüglich als Gegenprogramm verstehen.

4.3 Das Paradigma „Frieden durch Recht" und die Vermeintlichkeit von (Völker-)Rechtsillusionismus und Technikfeindlichkeit

Zu den Standards neuerer nicht nur evangelischer, sondern ökumenischer Friedensethik gehört die Konzeption des gerechten Friedens: Sie

> „legt sich auf die Suche nach gewaltlosen Lösungen und auf eine Konfliktaustragung mit nicht-militärischen Mitteln fest. Deshalb geht es auch in diesem Bereich um eine gerechte, dauerhafte internationale Friedensordnung" (Kos 2018, S. 236).

Innerhalb dieses konzeptionellen Rahmens hat sich in der EKD ausweislich ihrer aktuellen Friedensdenkschrift eine „Ethik rechtserhaltender Gewalt" etabliert, die in besonderer Weise dem Kantschen Leitparadigma eines „Friedens durch Recht" beziehungsweise der von Kant (1983 [1795]; dazu auch Hofheinz 2019, S. 21 ff.) entwickelten Idee einer globalen Friedensordnung als Rechtsordnung verpflichtet ist (vgl. Brock und Simon 2018, S. 269 ff.; Lienemann 2018, S. 35 ff.). Der Rechtsbezug ist dabei konstitutiv, da das Recht pazifizierende beziehungsweise gewaltbegrenzende Funktion hat. Diese Funktionsbestimmung bildet Stern und Kern der Idee „Frieden durch Recht". Im Sektionsbericht der Weltkirchenkonferenz in Amsterdam 1948 heißt es kurz nach dem Zweiten Weltkrieg nicht nur: „Krieg soll nach Gottes Willen nicht sein", sondern auch: „Die Völker der Welt müssen sich zur Herrschaft des Rechts bekennen" (zit. nach Härle 2011, S. 395).

Innerhalb dieses normativen Rahmens kann es aufgrund der eingeschriebenen Bedeutung des (Völker-)Rechts keineswegs als *quantité négligeable* eingestuft werden, wenn die Drohnenkriegsführung zur Folge hat, „dass Staatsgrenzen leichter überflogen werden können, sich dadurch Zonen bewaffneter Konflikte ausgedehnt haben und somit der Schutz, den das Kriegsvölkerrecht, also das Humanitäre Völkerrecht, vormals gewährt hat, nun verwässert worden ist" (Koch und Rinke 2018, S. 41). Da der Rechtsbezug für eine Ethik rechtserhaltender Gewalt konstitutiv ist, betrifft auch der Vorwurf eines „(Völker-)Rechtsillusionismus" einen neuralgischen Punkt. Darauf ist sofort zu erwidern, dass es keineswegs um einen Rechtspositivismus geht, zumal der im Ausdruck „rechtserhaltende Gewalt" vorausgesetzte Rechtsbegriff

> „sich nicht auf ein faktisch gegebenes, positiviertes Rechtssystem [bezieht], sondern auf die in den basalen Menschenrechten und einer legitimierten Völkerrechtsordnung konkretisierte Rechtsidee" (Reuter 2014a, S. 39).

Auch wird keine Koinzidenz von rechtlicher Legalität und moralischer Legitimität behauptet. Der Vorwurf des „(Völker-)Rechtsillusionismus" rührt indes insofern an einen empfindlichen Nerv, als durchaus gilt:

> „Das Recht ist als Idee universell und unersetzlich, als gelungene Praxis aber insular und prekär. Gegen das Unrecht behauptet es sich derzeit nur unter schweren Verlusten. Der Kampf ist notorisch ungleich. Recht kämpft, im Idealfall, nur mit rechtlichen Mitteln, dem Unrecht ist, im Extremfall, jedes Mittel recht" (Zielcke 2014, S. 11).

Dabei gilt es, nachdrücklich zu betonen, dass die Menschheit an den Segnungen der Idee „Frieden durch Recht" bis heute partizipiert. Es wird, wo die Kraft des Rechts erodiert, die Empörung über Rechtsbrüche schwindet und die Vereinten Nationen etwa durch Donald Trump und andere auf diesem Planeten erneut infrage gestellt wird, umso wichtiger sein, diese Idee nicht fallen zu lassen. Es geht, kurz gesagt, darum, das Völkerrecht und die Vereinten Nationen zu stärken, so dass sie ihre Kompetenz der Friedenssicherung und -erhaltung erweitern und stärken können. Dies mag in der Tat illusionär erscheinen – weit entfernt auch von einem „Christian Realism and the New Realities" (Lovin 2008).

Theologisch wird man indes festhalten dürfen, dass christlicher Realismus auf die Wirklichkeit des kommenden Reiches Gottes bezogen ist (vgl. zum Paradigma „Realismus" Hauerwas 2011, S. 21 ff.; Ulrich 2018, S. 129 ff.). Dies bedeutet im Rahmen einer Ethik rechterhaltender Gewalt, dass die Verbindung von Recht mit Zwangsbefugnis *noch*, aber nicht für immer unumgänglich ist, da wir nicht – wie es in der 5. These der Barmer Theologischen Erklärung (1934) heißt – in der „unerlösten", sondern der „noch nicht erlösten Welt" leben (vgl. dazu Hofheinz 2016, S. 157). Die Erlösung steht zwar noch aus und doch geht die vergehende Welt bereits dem kommenden Friedensreich Gottes und seiner Gerechtigkeit entgegen. Ein Handeln, das heute als illusionär erscheinen mag, erscheint indes im Lichte des Reiches Gottes als durchaus „realitätsnah" (vgl. Mk 1,15). In diesem Lichte ist danach fragen, wie ein menschliches Handeln aussieht, das dem Kommen des Reiches Gottes nicht im Wege steht, sondern auf die kommende Welt Gottes vorausweist (vgl. Tödt 1988, S. 75). Das gilt auch für das (Völker-)Recht. Es ist theologisch auf diesen Zusammenhang hin zu befragen. Zur Illustration sei noch folgender Hinweis gestattet: Während seiner USA-Reise besuchte der Theologe Karl Barth am 24. Mai 1962 auch die UNO in New York und sagte gegenüber Reportern aus, dass diese internationale Organisation „ein irdisches Gleichnis des Himmelreiches" (Barth 1995, S. 334) sein könne. „Jedenfalls", fügte er hinzu, „wird der wahre Friede nicht hier gemacht, sondern von Gott selber am Ende aller Dinge – obgleich (das, was hier geschieht,) einer Annäherung an ihn dienen kann" (Barth 1995, S. 334).[5] Der rechte beziehungsweise gerechte Frieden, den sich Barth als friedensethischen Leitbegriff zu etablieren bemühte (vgl. Hofheinz 2014), ist ihm zufolge als eine solche Annäherung, als ein Reich-Gottes-Gleichnis in der Profanität zu verstehen.

---

5 Vgl. auch Albertz' Rede (2011, S. 37 ff.) von der „himmlischen UNO" im Blick auf Jes 2,2–5.

Im Zuge der Reich-Gottes-Hoffnung und christlicher Eschatologie ist auf die besondere Dignität des Beispielhaften zu verweisen. Reuter (2014a, S. 45) analogisiert vor diesem Hintergrund das Eintreten für eine völkerrechtliche Ächtung vollautomatisierter Waffensysteme mit der Forderung nach internationaler Abrüstungs- und Rüstungskontrolle, die ebenfalls „ein mühsames, allzu oft frustrierendes Geschäft" sei:

> „Aber aus der multilateralen Rüstungskontrolle ist bekannt, dass es nur gelingt, wenn einzelne Staaten vorangehen. Deshalb würde es m. E. die Glaubwürdigkeit des eigenen Engagements nachdrücklich unterstreichen, wenn Deutschland auf die Verfügung über bewaffnete Drohnen verzichtet."

Dem Vorwurf der Technikfeindlichkeit kann auch im Rahmen einer Ethik rechtserhaltender Gewalt begegnet werden, da sie nicht nur zwischen Atomwaffen und Kampfdrohnen zu unterscheiden vermag, sondern diese Differenz tatsächlich auch festhält, mithin also keineswegs neue Militärtechniken grundsätzlich verwirft oder apodiktisch verteufelt: Anders als ABC-Waffen sind Kampfdrohnen aufgrund ihrer unterschiedslosen Zerstörungswirkungen kein *malum in se* (vgl. Reuter 2014a, S. 38). Atomwaffen sind im Blick auf den Diskriminierungs- und Verhältnismäßigkeitsgrundsatz indiskutabel, während dies – wie bereits ausgeführt – bei Kampfdrohnen ernsthaft diskutiert werden muss. Kampfdrohnen eilt ja der Ruf voraus, „ein exaktes Gegenstück zu den ethisch in besonderem Maß verwerflichen Massenvernichtungsmitteln [darzustellen]" (Alwardt et al. 2013, S. 4). Reuter (2014a, S. 38) hält fest:

> „Man kann darum argumentieren, ein völkerrechtskonformer Einsatz sei grundsätzlich möglich, da sich die Technik in besonderer Weise dazu eigne, den Gegner zuverlässig zu identifizieren, militärische von zivilen Zielen zu unterscheiden und unnötige Leiden zu vermeiden. Andererseits kann man aber nicht die Augen davor verschließen, dass die Bilanz des Drohnenkrieges bislang die Vision ‚sauberer' Kriegsführung *ad absurdum* geführt hat."

Fernab jeder Technophobie gilt es fernerhin grundsätzlich, auch die Chancen neuer Technologien wahrzunehmen. Die Digitalisierung etwa bietet neben Risiken zugleich Chancen, bedeutet sie

> „für die Konzeption des Gerechten Friedens [auch], aktuelle Kriegsanlässe und Gewaltursachen, die Kriege entstehen lassen können, frühzeitig wahrzunehmen und zu bekämpfen" (Kos 2018, S. 236).

4.4 Ethische Neutralität von Kampfdrohnen?

Gegen die Behauptung einer ethischen Neutralität bewaffneter Drohnen lässt sich geltend machen, dass es irreführend ist, so verharmlosend von ihnen zu sprechen. Sie sind kein Hammer, der zwar ebenfalls in sich das Potenzial besitzt, als Instrument einer Tötung missbraucht zu werden, wobei aber niemand – nicht einmal der überzeugteste Tutiorist – auf die Idee kämen, Hammer grundsätzlich zu verbieten (vgl. Jonas 1987, S. 67). Denn in der Regel werden Hammer anders als Kampfdrohnen nicht zur Tötung beziehungsweise zum Kampfunfähigmachen von Gegnern hergestellt und benutzt: Es gibt

> „kaum ein technisches Instrument, welches grundsätzlich und immer nur in schlechten Handlungen genutzt werden könnte. Solch ein Instrument wäre dann wohl wirklich *malum in se*. Meistens lassen sich sogar Waffen für gute und schlechte Handlungszwecke einsetzen. Trotz der insofern möglicherweise günstigen Wirkungen, die man mit Waffen erreichen kann, bedeutet dies aber nicht [...], daß Waffen ‚ethisch neutral' seien. Zwar könnte man mit einer Pistole vielleicht auch Walnüsse knacken, aber wohl niemand würde eine Pistole ausschließlich zu diesem Zweck erwerben. Es gehört schon zur Natur des Waffeneinsatzes, dass mit ihm Gewalt ausgeübt wird, und Gewalthandlungen sind zweifellos in besonderer Weise ethisch rechenschaftsbedürftig. Jedoch können gewisse Gewalthandlungen auch gerechtfertigt werden, z. B. als Notwehr oder Nothilfe" (Koch und Rinke 2018, S. 39).

Es geht also nicht darum, Kampfdrohnen als „in sich selbst schlecht" zu stigmatisieren. Freilich kann es auch nicht darum gehen, ihnen „Unschuld" zuzuschreiben, dadurch dass man sie kurzerhand zu „Adiaphora" erklärt, zu deren „stoischem" Wesen es gehöre, dass sie erst „durch die Berührung gut oder böse werden" (Trillhaas 1954, S. 458). Der Hinweis, dass es um Gegenstände und keine Handlungen gehe, Kampfdrohnen mithin gar nicht das Prädikat einer *actio intrinsice mala* (vgl. hierzu auch Spaemann 1991, S. 72) zukommen könne, reicht nicht aus, um sie ethisch unschädlich zu machen beziehungsweise moralisch zu rehabilitieren. Wenn wir bestimmte technische Erfindungen als moralisch verwerflich qualifizieren, dann nicht etwa deshalb, weil sie *per se* böse beziehungsweise schlecht sind, sondern weil mit ihnen überwiegend schlecht gehandelt wird (so auch Koch und Rinke 2018, S. 39). Insofern darf hier kein Kategorienfehler unterstellt werden.

Auf die Statistik des drohnengestützten Tötens wurde bereits verwiesen, derzufolge Zivilistinnen und Zivilisten keineswegs ausgespart wurden, sondern massiv betroffen waren. In dem Afghanistanpapier der EKD (2013, S. 23) erfolgte der Hinweis auf „die bislang umfassendste Untersuchung der New American Foundation von 2009", die hinsichtlich der „Präzisionswirkung" der Angriffe von einem Drittel ziviler Opfer spricht. Hier stellt sich unabweisbar die Frage, ob nicht längst jener Rubikon überschritten wurde, der jene Unschuldsvermutung noch erlaubt, wonach bewaffnete Drohnen

> „nicht *per se*, auf Grund ihrer Systemeigenschaften als *völkerrechtswidrig* einzuschätzen sind, als sich ihre Wirkungen technisch und operativ auf legitime Angriffsziele begrenzen lassen und keine absehbar unverhältnismäßigen zivilen Verluste zur Folge haben" (Reuter 2014b, S. 164).

Die Völkerrechtskonformität bildet dabei im Sinne von Legalität eine notwendige, wenngleich nicht hinreichende Bedingung von Moralität. Für eine Ethik rechtserhaltender Gewalt ist – *nota bene* – überhaupt nur derjenige Gebrauch militärischer Gewalt moralisch rechtfertigungsfähig, der sich völkerrechtlich als zulässige Ausnahme vom allgemeinen Gewaltverbot (Art. 2 Abs. 2 der UN-Charta) und damit als Fall eines *ius contra bellum* (vgl. Art. 39 und 51 der UN-Charta) erweist (so auch Reuter 2014b, S. 165).

Zu fragen ist fernerhin, ob man die angesprochenen technischen Systemeigenschaften von ihren Konsequenzen für den Konflikt separieren kann. Reuter (2014b, S. 165) gibt zu bedenken:

„In der Tat scheinen Drohnen wie geschaffen als Mittel risikoloser Kampfführung – solange man ihre technischen Systemeigenschaften von ihren Auswirkungen auf den Konfliktverlauf trennt. Ihre Verfügbarkeit kann aber die Kultur militärischer Zurückhaltung schwächen, denn in dem Maß, in dem die politischen Kosten militärischen Engagements begrenzbar bleiben, wird Krieg zur akzeptablen Option."

In diesem Zusammenhang ist auch zu beachten, dass Kampfdrohneneinsätze in asymmetrischen Konflikten die Terrorgefahr durchaus erhöhen (vgl. EKD 2013, S. 23), also keinen wirksamen Schutz der eigenen Zivilbevölkerung außerhalb des Kriegsgebietes leisten:

„[D]em Willen zur Vermeidung eigener Verluste [steht] die gesteigerte Opferbereitschaft von Selbstmordattentätern gegenüber. Die nach Kräften Unterlegenen verwandeln ihre Schwäche in Stärke, indem sie sich irregulärer Kampfformen bedienen, und stellen so ein Element strategischer Symmetrie wieder her. Dazu gehören die Verwendung von Zivilisten als lebende Schutzschilde ebenso wie die Nutzung entterritorialisierter Netzwerke, um die staatlich verfassten Starken dort zu treffen, wo sie am verwundbarsten sind: in ihrem kollektiven Sicherheitsbedürfnis und ihrer zivilen Infrastruktur. Eine Regierung, die den Schutz ihrer Soldaten im Gefecht optimiert, erhöht zugleich die Gefahr, dass die heimische Bevölkerung weit außerhalb des Kriegsgebiets zum Opfer terroristischer Anschläge wird. Die Kampfdrohne ist Vehikel einer sich wechselseitig verstärkenden Entgrenzung der Kriegsführung. Jedenfalls für die Zivilbevölkerung – die eigene wie die fremde – verheißt ihr Einsatz nicht mehr, sondern weniger Sicherheit" (Reuter 2014b, S. 165).

Auch im Afghanistanpapier der EKD (2013, S. 21) wurde zu bedenken gegeben:

> „Die US-Streitkräfte setzen seit einiger Zeit verstärkt auf ‚verdeckte Operationen' durch Spezialeinheiten, die gezielte Tötung Aufständischer und Terrorismusverdächtiger und Angriffe mit bewaffneten unbemannten Flugkörpern (‚Kampfdrohnen'). Die tribalen Vergeltungsmechanismen werden auf diese Weise nicht überwunden, eher sogar weiter verschärft. Vielfach ist Vergeltung bzw. Rache für den Tod eines Angehörigen ein wichtiges Motiv für den Widerstand in Afghanistan."

5   Fazit

Die Argumente für eine militärische Nutzung von Kampfdrohnen können letztlich nicht überzeugen. Bewaffnete Drohnen sind keine Mittel risikoloser Kriegsführung, ja nicht einmal „ethisch neutral". Das hat das vorgelegte kleine theologisch-ethische Argumentarium gezeigt. Der Schluss ist unvermeidlich und unumgänglich, dass auf bewaffnete Drohnen – nicht zuletzt aufgrund des Problems eines Unterlaufens der Zuschreibung rechtlicher und moralischer Verantwortung sowie als Schritte auf dem Weg zu autonomen Waffensystemen – verzichtet und letztere international verboten werden sollten. In der militärischen Nutzenlogik der bewaffneten Drohnen liegt das Vorantreiben einer Automatisierung der Systeme bis hin zur sogenannten Autonomie. Im Ergebnis der vorgeführten Argumentation kommt der Beitrag zu demselben Schluss wie Koch und Rinke (2018, S. 43):

> „Bei bewaffneten Drohnen handelt es sich weder um ein ethisch neutrales technisches Instrument noch handelt es sich aus ethischer Perspektive um ein nachgerade besonders zu bevorzugendes Instrument der Kriegsführung. Vielmehr sind bewaffnete Drohnen ethisch sehr bedenklich, da der Schutz auf der einen Seite für die eigenen Soldatinnen und Soldaten durch den Einsatz dieser Technologie ver-

bessert werden mag, auf der anderen Seite mit einer Auflösung von
Schutz einhergeht – insbesondere dadurch, dass das Humanitäre
Völkerrecht etwas von seinem Biss verliert, weil seine Grundunterscheidungen wie die nach Zivilisten und Kombattanten oder die
nach Kriegsgebiet und außerhalb des Kriegsgebiets liegende Zonen
verwässert werden."

Zu demselben Urteilsschluss gelangt auch Reuter (2014b, S. 167)
nach Abwägung des Für und Wider:

„Trotz ihrer auf Präzisionswirkung ausgelegten Bewaffnung sind
Drohnen gerade in den asymmetrischen Konflikten der Aufstands-
und Terrorbekämpfung kein akzeptables Mittel rechtswahrender militärischer Gewalt."

Hier legt sich nun wiederum der Einwand nahe, dass solche Verbotsforderungen und „Bedenkenträgerei" längst zu spät kommen
und gewissermaßen symptomatisch für den nachhinkenden Charakter einer Ethik seien, die ihr Geschäft immer aus einer besserwissenden *ex post*-Perspektive betreibe. Das Kind sei – salopp formuliert – doch längst in den Brunnen gefallen. Ohne hier erneut ins
Detail gehen zu wollen, muss doch darauf verwiesen werden, dass
sich – wie eingangs bereits ausgeführt – der Verzicht auf die Bewaffnung der vorhandenen Drohnen zumindest im deutschen Kontext
nach wie vor (auch in der Koalition) in der Diskussion befindet.[6]
Auf eine tatsächliche Bewaffnung der waffenfähigen Drohnen wurde bislang verzichtet. Der Verzichtsforderung auf die Bewaffnung
der vorhandenen Drohnen ist mit besonderem Nachdruck das Plädoyer für eine präventive völkerrechtliche Ächtung vollautomatisierter Waffensysteme hinzuzufügen. Denn, um im Bilde zu bleiben:

---

6 Verstärkt wird dies durch das aktuelle Urteil des Oberverwaltungsgerichts
 Münster, wonach die Bundesregierung zukünftig strenger prüfen muss, ob
 US-Kampfdrohnenangriffe, die etwa über den US-Luftwaffen-Stützpunkt
 Ramstein gesteuert werden, dem Völkerrecht entsprechen (vgl. Wernicke
 2019, S. 5).

Wenn *ein* Kind ins Wasser gefallen ist, heißt das noch lange nicht, dass man abseits stehen und es zulassen darf, dass dieses Schicksal *weitere* ereilt.

Literatur

Albertz, Rainer. 2011. Eine himmlische UNO. Religiös fundierte Friedensvermittlung nach Jes 2,2–5. In *Frieden stiften. Vermittlung und Konfliktlösung vom Mittelalter bis heute*, hrsg. von Gerd Althoff, 37–56. Darmstadt: Wissenschaftliche Buchgesellschaft.

Alwardt, Christian, Michael Brzoska, Hans-Georg Ehrhart, Martin Kahl, Götz Neuneck, Johann Schmid, Patricia Schneider. 2013. Braucht Deutschland Kampfdrohnen? https://www.files.ethz.ch/isn/168213/HI%2050%20Kampfdrohnen.pdf. Zugegriffen: 10. März 2019.

Ammann, Christoph. 2007. *Emotionen – Seismographen der Bedeutung. Ihre Relevanz für eine christliche Ethik*. Stuttgart: Kohlhammer.

Anders, Günther. 2002. *Die Antiquiertheit des Menschen. Bd. 2: Über die Zerstörung des Lebens im Zeitalter der dritten industriellen Revolution*. 3. Aufl. München: C. H. Beck.

Aristoteles, 1983. *Nikomachische Ethik. Werke in deutscher Übersetzung Bd. 6*. 8. Aufl. Berlin: Akademie Verlag,

Barth, Karl. 1995. *Gespräche 1959–1962. Karl Barth GA IV. Gespräche*, hrsg. von Eberhard Busch. Zürich: Theologischer Verlag (TVZ).

Bonhoeffer, Dietrich. 1992 [1940–1943]. *Ethik. Dietrich Bonhoeffer Werke Bd. 6*, hrsg. von Ilse Tödt, Heinz Eduard Tödt, Ernst Feil und Clifford Green. München: Chr. Kaiser.

Brock, Lothar und Hendrik Simon. 2018. Die Selbstbehauptung und Selbstgefährdung des Friedens als Herrschaft des Rechts. Eine endlose Karussellfahrt? *Politische Vierteljahresschrift* 59 (2): 269–291.

Dahlmann, Anja. 2017. Militärische Robotik als Herausforderung für das Verhältnis von menschlicher Kontrolle und maschineller Autonomie. *Zeitschrift für Evangelische Ethik* 61 (3): 171–183.

Evangelische Kirche in Deutschland (EKD). 2007. *Aus Gottes Frieden leben – für gerechten Frieden sorgen. Eine Denkschrift des Rates der Evangelischen Kirche in Deutschland*. Gütersloh: Gütersloher Verlagshaus.

Evangelische Kirche in Deutschland (EKD). 2013. *"Selig sind die Friedfertigen"*. *Der Einsatz in Afghanistan: Aufgaben evangelischer Friedensethik. Eine Stellungnahme der Kammer für Öffentliche Verantwortung der EKD*. Hannover: Kirchenamt der EKD.

Fischer, Johannes. 1989. *Glauben als Erkenntnis. Zum Wahrnehmungscharakter des christlichen Glaubens*. München: Chr. Kaiser.

Fischer, Johannes. 1992. Christliche Ethik als Verantwortungsethik. *Evangelische Theologie* 52 (2): 114–128.

Fischer, Johannes. 2000. Gefühl der Liebe und Geist der Liebe. *Zeitschrift für Theologie und Kirche* 97 (1): 88–109.

Fischer, Johannes. 2007. Vier Ebenen der Narrativität. Die Bedeutung der Erzählung in theologisch-ethischer Perspektive. In *Narrative Ethik. Das Gute und das Böse erzählen*, hrsg. von Karen Joisten, 235–252. Berlin: Akademie Verlag.

Frey, Christofer. 1991. Protestantische Ethik und Güterabwägung. In *Güterabwägung in der Medizin*, hrsg. von Hans-Martin Sass und Herbert Viefhues, 62–72. Berlin: Springer.

Gillner, Matthias. 2014. Verhältnismäßigkeit. In *Ethik-Kompass. 77 Leitbegriffe*, hrsg. von Klaus Ebeling und Matthias Gillner, 144–145. Freiburg i.Br.: Herder Verlag.

Grözinger, Albrecht. 1998. Wahrnehmung als theologische Aufgabe. Die Bedeutung der Ästhetik für Theologie und Kirche. In *Die Gegenwart der Kunst. Ästhetische und religiöse Erfahrung heute*, hrsg. von Jörg Herrmann, Andreas Mertin und Eveline Valtink, 309–319. München: Fink-Verlag.

Härle, Wilfried. 2011. *Ethik*. Berlin: de Gruyter.

Haspel, Michael. 2002. *Friedensethik und Humanitäre Intervention. Der Kosovokrieg als Herausforderung evangelischer Friedensethik*. Neukirchen-Vluyn: Neukirchener Verlag.

Hauerwas, Stanley. 2011. *War and the American Difference. Theological Reflections on Violence and National Identity*. Grand Rapids: Baker Academic.

Herms, Eilert. 2000. Güterabwägung. In *Religion in Geschichte und Gegenwart. Handwörterbuch für Theologie und Religionswissenschaft Bd. 3*, hrsg. von Hans Dieter Betz, Don S. Browning, Bernd Janowski und Eberhard Jüngel, 1349–1350. 4. Aufl. Tübingen: Mohr Siebeck.

Hofheinz, Marco. 2014. *"Er ist unser Friede". Karl Barths christologische Grundlegung der Friedensethik im Gespräch mit John Howard Yoder*. Göttingen: Vandenhoeck & Ruprecht.

Hofheinz, Marco. 2016. Gewalt und Gewalten im Kontext von Barmen V. Eine friedensethische Annäherung an das „Just Policing". In *Kirchliche Zeitgeschichte* 29 (1): 149–170.

Hofheinz, Marco. 2017. Bleibend Wichtiges und jetzt Dringliches – kursorische friedensethische Thesen zur aktuellen Lage in kartografischer Absicht. Ein Vermessungsversuch im Feld der christlich-theologischen Friedensethik. In *„Sagen, was Sache ist". Versuche explorativer Ethik. Festgabe zu Ehren von Hans G. Ulrich*, hrsg. von Gerard den Hertog, Stefan Heuser, Marco Hofheinz und Bernd Wannenwetsch, 249–272. Leipzig: Evangelische Verlagsanstalt.

Hofheinz, Marco. 2018. „Wahrnehmen – Prüfen – Urteilen". Explorative Annäherung an eine „selbstdarstellende" theologische Identitäts- und Gemeindeethik. In *Was ist theologische Ethik? Grundbestimmung und Grundvorstellungen*, hrsg. von Michael Marcus Held, 63–80. Berlin: de Gruyter.

Hofheinz, Marco. 2019. Im Lichte von Röm 13. Drei politisch-ethische Kapitel paulinischer Wirkungsgeschichte: Thetisches von Augustin über Luther zu Kant. In *Rechtserhaltende Gewalt – eine ethische Verortung*, hrsg. von Ines-Jacqueline Werkner und Torsten Meireis, 21–58. Wiesbaden: Springer VS.

Honecker, Martin. 1990. *Einführung in die Theologische Ethik*. Berlin: de Gruyter.

Hordern, Joshua. 2013. *Political Affections. Civic Participation and Moral Theology*. Oxford: Oxford University Press.

Horn, Christoph. 2011. Güterabwägung. In *Handbuch Ethik*, hrsg. von Marcus Düwell, Christoph Hübenthal und Micha H. Werner, 391–396. 3. Aufl. Stuttgart: Verlag J. B. Metzler.

Human Rights Watch. 2012. *Losing Humanity. The Case against Killer Robots*. https://www.hrw.org/report/2012/11/19/losing-humanity/case-against-killer-robots#. Zugegriffen: 10. März 2019.

Jonas, Hans. 1987. *Technik, Medizin und Ethik. Praxis des Prinzips Verantwortung*. Frankfurt a. M.: Suhrkamp.

Kant, Immanuel. 1983 [1795]. Zum ewigen Frieden. In *Immanuel Kant. Werke in zehn Bänden, Bd. IX*, hrsg. von Wilhelm Weischedel, 191–251. 5. Aufl. Darmstadt: Wissenschaftliche Buchgesellschaft.

Koch, Bernhard. 2014. Leben unter Drohnen. https://www.faz.net/aktuell/politik/die-gegenwart/drohnenkrieg-leben-unter-drohnen-12781534.html. Zugegriffen: 11. März 2019.

Koch, Bernhard. 2016. Maschinen, die uns von uns selbst entfremden. Philosophische und ethische Anmerkungen zur gegenwärtigen Debatte um autonome Waffensysteme. *Militärseelsorge. Dokumentation* 54: 99–119.

Koch, Bernhard und Bernhard Rinke. 2018. Der militärische Einsatz bewaffneter Drohnen. Zwischen Schutz für Soldaten und gezieltem Töten. *Zeitschrift für Technikfolgenabschätzung in Theorie und Praxis* 27 (3): 38–44.

Kos, Elmar. 2018. Digitalisierung als Herausforderung der christlichen Friedensethik. In *Aktive Gewaltfreiheit. Theologie und Pastoral für den Frieden,* hrsg. von Margit Eckholt und Georg Steins, 214–237. Würzburg: Echter Verlag.

Lienemann, Wolfgang. 2008. *Grundinformation Theologische Ethik.* Göttingen: Vandenhoeck & Ruprecht.

Lienemann, Wolfgang. 2018. International Peace as Legal Order. On the Recent Debate on „Just Wars" and the Ethics of a „Just Peace". In *The Present „Just Peace/Just War" Debate. Two Discussions or One?,* hrsg. von Ad de Bruijne und Gerard den Hertog, 35–57. Leipzig: Evangelische Verlagsanstalt.

Link, Christian. 1998. Gottesbild und Menschenrechte. In *Ebenbild Gottes – Herrscher über die Welt. Studien zu Würde und Auftrag des Menschen,* hrsg. von Hans-Peter Mathys, 147–169. Neukirchen-Vluyn: Neukirchener Verlag.

Lovin, Robin W. 2008. *Christian Realism and the New Realities.* Cambridge: Cambridge University Press.

Lovin, Robin W. 2011. *An Introduction to Christian Ethics. Goals, Duties, and Virtues.* Nashville: Abingdon Press.

Mathwig, Frank. 2000. *Technikethik – Ethiktechnik. Was leistet Angewandte Ethik?* Stuttgart: Kohlhammer.

Mink, Andreas. 2018. Kalaschnikows mit Hirn. Warum nicht mehr viel Zeit bleibt, die Produktion von autonomen Waffen abzuwenden. *Zeitzeichen* 19 (5): 8–11.

Misselhorn, Catrin. 2018. *Grundfragen der Maschinenethik.* Stuttgart: Reclam Verlag.

Neuneck, Götz. 2017. Krieg im Internet? Cyberwar in ethischer Reflexion. In *Handbuch Friedensethik,* hrsg. von Ines-Jacqueline Werkner und Klaus Ebeling, 805–816. Wiesbaden: Springer VS.

Nussbaum, Martha C. 1985. Finely Aware and Richly Responsible. Moral Attention and the Moral Task of Literature. *Journal of Philosophy* 82 (10): 516–529.

Nussbaum, Martha C. 2003. *Upheavals of Thought: The Intelligence of Emotions*. Cambridge: Cambridge University Press.

Nussbaum, Martha C. 2014. *Politische Emotionen. Warum Liebe für Gerechtigkeit wichtig ist*. Berlin: Suhrkamp.

Picht, Georg. 1969. Der Begriff der Verantwortung. In *Wahrheit, Vernunft, Verantwortung. Philosophische Studien*, hrsg. von Georg Picht, 318–342. Stuttgart: Klett-Cotta.

Ohly, Lukas und Catharina Wellhöfer-Schlüter. 2017. Drohnen im Privatbesitz. Ethische Bemerkungen. *Zeitschrift für Evangelische Ethik* 61 (4): 297–304.

Reuter, Hans-Richard. 1996. *Rechtsethik in theologischer Perspektive. Studien zur Grundlegung und Konkretion*. Gütersloh: Chr. Kaiser.

Reuter, Hans-Richard. 2014a. Kampfdrohnen als Mittel rechtswahrender Gewalt? Aspekte einer ethischen Bewertung. *epd-Dokumentation* 49: 37–46.

Reuter, Hans-Richard. 2014b. Wen schützen Kampfdrohnen? *Zeitschrift für Evangelische Ethik* 58 (3): 163–167.

Reuter, Hans-Richard. 2015a. Grundlagen und Methoden der Ethik. In *Handbuch der Evangelischen Ethik*, hrsg. von Wolfgang Huber, Torsten Meireis und Hans-Richard Reuter, 9–123. München: C.H. Beck.

Reuter, Hans-Richard. 2015b. Verantwortung. In *Evangelische Ethik Kompakt. Basiswissen in Grundbegriffen*, hrsg. von Reiner Anselm und Ulrich H.J. Körtner, 212–218. Gütersloh: Gütersloher Verlagshaus.

Rudolf, Peter. 2017. *Zur Legitimität militärischer Gewalt*. Bonn: Bundeszentrale für politische Bildung.

Schockenhoff, Eberhard. 2018. *Kein Ende der Gewalt? Friedensethik für eine globalisierte Welt*. Freiburg i.Br.: Herder Verlag.

Schörnig, Niklas. 2014. Automatisierte Kriegsführung – Wie viel Entscheidungsraum bleibt dem Menschen? *Aus Politik und Zeitgeschichte* 64 (35-37): 27–34.

Schoberth, Wolfgang. 2017. Der Begriff der Verantwortung. Dilemma und Notwendigkeit. In *Die Erfahrung der Welt als Schöpfung. Studien zur Schöpfungstheologie und Anthropologie*, hrsg. von Nadine Hamilton, 253–275. Leipzig: Evangelische Verlagsanstalt.

Spaemann, Robert. 1991. *Moralische Grundbegriffe*. 4. Aufl. München: C.H. Beck.

Tödt, Heinz Eduard. 1988. *Perspektiven theologischer Ethik*. München: Chr. Kaiser Verlag.

Trillhaas, Wolfgang. 1954. Adiaphoron. Erneute Erwägungen eines alten Begriffs. *Theologische Literaturzeitung 79*: 457–462.
Ulrich, Hans G. 2014. Zur Wahrnehmung von Verantwortung. „Verantwortung" in der gegenwärtigen evangelisch-theologischen Diskussion. In *Kein Mensch, der der Verantwortung entgehen könnte. Verantwortungsethik in theologischer, philosophischer und religionswissenschaftlicher Perspektive*, hrsg. von Jürgen Boomgaarden und Marin Leiner, 27–66. Freiburg i.Br.: Herder Verlag.
Ulrich, Hans G. 2018. Social Practices of Peace – Against the Loss of Reality. The Christian Witness as a Critical Resource for Peace-Making and Peacebuilding. In *The Present „Just Peace/Just War" Debate. Two Discussions or One?*, hrsg. von Ad de Bruijne und Gerard den Hertog, 129–150. Leipzig: Evangelische Verlagsanstalt.
Vollmer, Antje. 2015. Drohnen. Die neuen Waffen und das Kriegs- und Völkerrecht. *Evangelische Theologie 75* (4): 300–311.
Wannenwetsch, Bernd. 2017. „Zu Herzen gehen lassen das Unglück der anderen". Überlegungen zur Rolle von Empathie und Barmherzigkeit in der christlichen Ethik, In *„Sagen, was Sache ist". Versuche explorativer Ethik. Festgabe zu Ehren von Hans G. Ulrich*, hrsg. von Gerard den Hertog, Stefan Heuser, Marco Hofheinz und Bernd Wannenwetsch, 115–134. Leipzig: Evangelische Verlagsanstalt.
Weber, Max. 1992 [1919]. *Wissenschaft als Beruf 1917/1919. Politik als Beruf 1919. Max Weber Gesamtausgabe Abteilung I: Schriften und Reden, Bd. 17,* hrsg. von Wolfgang J. Mommsen und Wolfgang Schluchter, 113–252. Tübingen: Mohr Siebeck.
Wernicke, Christian. 2019. Rüge für die Regierung. Deutschland muss US-Drohnenangriffe künftig besser prüfen. *Süddeutsche Zeitung*, 20. März 2019, S. 5.
Yoder, John Howard. 1996. *When War is Unjust: Being Honest in Just-War Thinking*. Maryknoll: Orbis.
Zielcke, Andreas. 2014. Triumph über die Humanität. *Süddeutsche Zeitung*, 18. Dezember 2014, S. 11.
Zimmermann, Ruben. 2007. Berührende Liebe (Der barmherzige Samariter). Lk 10,30–35. In *Kompendium der Gleichnisse Jesu*, hrsg. von Ruben Zimmermann, 538–555. Gütersloh: Gütersloher Verlagshaus.

Autorinnen und Autoren

Jürgen Altmann, Dr. rer. nat. habil., Privatdozent am Lehrstuhl Experimentelle Physik 3 der Technischen Universität Dortmund

Christian Alwardt, Dr. rer. nat., Wissenschaftlicher Mitarbeiter am Institut für Friedensforschung und Sicherheitspolitik an der Universität Hamburg

Robin Geiß, Dr. iur., Professor für Internationales Recht und Sicherheit an der Universität Glasgow/Großbritannien

Marco Hofheinz, Dr. theol. habil., Professor für Systematische Theologie mit dem Schwerpunkt Ethik am Institut für Theologie an der Leibniz Universität Hannover

Bernhard Koch, Dr. phil., Stellvertretender Direktor des Instituts für Theologie und Frieden in Hamburg und Lehrbeauftragter für Philosophie an der Goethe-Universität Frankfurt a. M.

Niklas Schörnig, Dr. phil., Wissenschaftlicher Mitarbeiter am Leibniz-Institut Hessische Stiftung Friedens- und Konfliktforschung in Frankfurt a. M.

Ines-Jacqueline Werkner, Dr. rer. pol. habil., Friedens- und Konfliktforscherin an der Forschungsstätte der Evangelischen Studiengemeinschaft e. V. in Heidelberg und Privatdozentin am Institut für Politikwissenschaft an der Goethe-Universität Frankfurt a. M.

The manufacturer's authorised representative in the EU is Springer Nature Customer Service Centre GmbH, Europaplatz 3, 69115 Heidelberg, Germany. If you have any concerns regarding our products, please contact ProductSafety@springernature.com

Printed and bound by CPI Group (UK) Ltd, Croydon, CR0 4YY
23/03/2026
02076679-0001